책세상문고 · 우리시대

지리학,
인간과 공간을 말하다

책세상문고 · 우리시대

지리학, 인간과 공간을 말하다

박승규

책세상

  오늘날 학문 사회에서 경계 허물기는 대세다. 구조적인 시각을 요구하는 거대 담론은 역사 속으로 사라져가고, 개인 일상을 소재로 하는 미시 담론이 대안으로 등장하고 있다. 이제 사람들은 미세하고 보잘것없다고 여기던 일상의 잡다한 현상에 주목한다. 근사하고 멋진 경관이 아닌 일상의 어둡고 지저분한 경관이 주목받고 있으며, 아름다운 날들보다 슬프고 힘들었던 시절이 주목받는다. 꾸밈없는 자신의 속살을 들여다보면서 삶에 대해 생각해볼 수 있고, 숨기고 싶었던 진실한 우리 모습을 발견할 수 있기 때문이다. 이런 점에서 새롭게 주목받고 있는 사람이 있다. 프랑스의 사진작가 외젠 아트제Eugène Atget[1]다. 그의 사진 속의 도시는 늘 지저분하고 낯설다. 친숙하지만 남에게 보여주고 싶지 않은 경관이기에 그렇다. 아트제는 근사하고 멋진 도시는 이미 다른 작가들이 많이 보여주었기 때문에 자신까지 그것을 보여줄 요는 없으며, 지금까지 주목받지 못했던 지저분하고 낯선 경관이야말로 도시의 참모습이라고 주장한다. 꾸미지 않은 보잘것없는 작고 초라한 모습이 곧 우리 자신이요, 우리가 살고 있는 도시의 모습이라는 것을 여과 없이 드러내고 있는 것이다.

이렇듯, 거대한 이야기에 파묻혀 주목받지 못하던 작은 공간이나 장소에 새삼 주목하는 것이 오늘날 인간과 삶을 탐구하는 사람들의 몫이 아닐까. 사람 냄새 나는 학문을 하고픈 사람이라면 거대 도시의 기능을 천착하기보다는 작은 사랑방에 주목하고, 그 사랑방에 둘러앉아 소곤거리는 인간의 이야기에 관심을 기울여야 하지 않을까. 그 공간의 모습은 사랑방 너머에 살고 있는 인간의 삶과 크게 다르지 않을 것이기 때문이다.

하지만 지리학의 시선으로 이런 흐름을 이야기하는 것은 낯설다. 전통적으로 지리학은 인간이 살아가는 공간 대부분에 기능적으로 접근해왔다. 공간이 우리 삶과 어떤 관련을 맺고 있는지, 혹은 그와 같은 공간을 통해 어떻게 삶의 변화를 설명하고 이해할 수 있는지에 대해서는 여전히 관심이 적다. 인간의 삶을 기능적이고 과학적으로 '설명'하기 위해 노력하지만, 삶과의 관계에서 생산된 의미를 '이해'하기 위한 노력은 부족하다. 삶의 이해는 우선 사람에 대한 이해와 공감에서 출발해야 한다. 당사자의 입장이 되어 그 사람이 공간'들'을 어떻게 인식하고 무엇을 느끼는지를 말할 수 있어야 한다. 그러나 전통적인 지리학은 그렇지 못하다.

이 책에서는 이와 같은 전통적 지리학이 처한 딜레마를 넘어서기 위한 시도의 일환으로 기존의 지리학을 재영토화하고자 한다. 새로운 시선과 해석으로 전통적 지리학을 해체하고 '이름 짓기'를 통해 그것을 새구성하고자 한다. 방식은 간단하다. '지금 여기'의 일상 공간에서 쉽게 접할 수 있는 친숙한 소재를 대상으로 인간과 공간의 관계를 엮어낼 것이다. '새로운'이라는 형용사는 분명 기존의 것과는 차별화된 무언가를 기대하게 만든다. 하지만 실제로는 오히려 진부한 모습을 은폐하는 기능을 할 수도 있다. 이런 위험을 감수하면서도 주저 없이 나름의 '새로운' 모험을 시도한 것은 그만큼 전통적 지리학의 견고한 경계의 울타리를 걷어내야 한다는 열망이 크기 때문이다. 이제 지리학은 고유 영토를 보장받고자 굳건한 울타리를 치려고만 하는 상투적이고 고답적인 연구 풍토를 극복해야 한다. '지금 여기'에서는 학문 내 경계는 물론, 학문 간 경계가 무너지면서 학문 간 공동경비구역이 확대되고 있고, 인간의 삶은 점점 훨씬 더 복잡한 요인들에 의해 좌우되고 있기 때문이다.

이 책은 다음과 같이 구성되어 있다. 제1장에서는 지리학이 일상과 밀접한 관련을 맺고 있는 학문이라는 것을 보여주고자 한다. 이러한 일상 공간에 대한 관심은 공간에 투영되어 있는 우리 삶의 양태를 섬세하게 살피고 성찰할 기회를 제공한다. 낯익은 일상 공간을 낯설게 바라보면서 일상 공간이 갖고 있는 의미를 다시금 생각해보고자 한다.

제2장에서는 '다름의 지리학geography of where'을 다룬다. 전통적 지리학에서 '다름'은 지역 차이를 의미한다. 그래서 전통적 지리학의 목표는 서로 다른 지역 간의 차이에 주목하면서 그것을 해석하는 데 있다. 하지만 '다름의 지리학'에서의 다름은 시선의 차이를 의미한다. 단순히 지역 간 차이를 구분하려는 기능적인 시선이 아니라, 그 차이의 행간에 숨어 있는 각기 다른 삶의 의미에 주목한다. 즉 '지역의 차이'를 '시선의 차이'로 치환해, 전통적 지리학의 대상이 되었던 공간을 새롭게 해석하고자 한다.

제3장에서는 '같음의 지리학geography of nowhere'을 다룬다. 여기서 '같음'은 경관상의 획일성을 의미한다. 즉 이 장에서는 모든 지역에서 동일하게 나타나고 있는 획일적인 지리 현상에 주목한다. 지역적 차이를 무시하고 모든 지역에서 표준화된 모습을 보여주고 있는 지리적 현상이 어떤 의미를 갖는 것인지 살피려는 것이다. 'nowhere'를 파자로 쓰면, 'now here'가 되기 때문에 어떤 의미에서 '같음의 지리학'은 '지금 여기의 지리학geography of now here'이기도 하다. 즉 같음의 지리학은 우리 삶의 공간이 획일적인 경관으로 채워지고 있는 지금 여기의 지리적 현상을 대상으로 한다. 지역 간의 차이가 사라지면서 지리학의 존립 자체를 걱정하는 사람이 많다.

하지만 그런 생각은 기우에 불과하다. 지금처럼 모든 지역에서 획일적인 경관을 접할 수 있는 시대에 오히려 지리학의 역할은 더 커질 것이다. 같은 경관이라고 해서 같은 의미를 갖는 것은 아니기 때문이다. 같은 경관이라도 그 경관을 생산한 인간의 삶과 어떤 '관계'를 맺고 있는가에 따라 경관의 의미가 달라진다. 그렇기 때문에 경관상의 같음이 곧 의미의 같음을 뜻하는 것은 아니다. 우리 삶의 공간을 구성하는 경관이 획일화되는 시대에 지리학의 당위는 우리 삶과의 관계 속에서 경관 혹은 공간의 의미를 재발견하는 데 있다.

제4장에서 다루는 것은 '배치의 지리학geography of arrangement'이다. 여기서 '배치'는 공간을 구성하는 요소의 자리매김을 의미한다. 동일한 공간, 획일화된 공간이라 하더라도 구성 요소 간의 자리매김이 다른 경우에는 서로 다른 의미 체계를 갖는다. 배치의 지리학에서는 이처럼 경관상의 획일성이 감추고 있는 미세한 의미 체계를 해석하고자 한다. 경관상의 같고 다름이 아니라, 그 경관을 구성하는 요소의 같고 다름에 주목하고자 한다.

제5장은 '리좀의 지리학geography of rhizome'을 다룬다. 리좀²의 지리학에서는 지리학이라는 학문의 울타리를 넘기 위한 길을 찾아 나선다. '공간적 전환spatial turn'³은 공간이라는 인식소가 사회 현실을 이해하는 데 본질적인 요소임을 알려준다. 하지만 정작 지리학은 공간을 통해 사회 현상을 설명하

는 본연의 역할을 충실히 수행하지 못했다. 공간에 주목하면서 다양하게 사회 현상을 설명하고 해석하는 작업은 사회학, 역사학, 건축학, 조경학, 기호학 등 다른 영토에 거주하는 인접 학문의 몫이었다. 리좀의 지리학에서는 전통적 지리학의 영토 경계를 무너뜨리고, 나아가 다른 맥락에서 지리학을 재영토화하고자 한다. 공간이라는 인식소를 토대로 지리학자가 사회 현상을 어떻게 설명해야 하는지를 고민해보고자 한다. 그렇기 때문에 어떤 사회 현상이든 '리좀의 지리학'의 탐구 대상이 될 수 있다. 사회 현상에 대해 공간을 중심으로 해석하고 전망하는 지리학이 곧 리좀의 지리학인 것이다.

끝으로, 맺는 말에서는 나 자신의 학문적 삶의 터전인 지리학과 지리 교육에 대한 성찰을 담아, 공간을 통해 세상과 소통하는 '지금 여기'의 삶의 학문으로 지리학이 거듭나기를 바라는 소망을 적었다. 지금 여기, 일상의 지리학이 문·사·철과 예술을 껴안아 녹여내는 인간학으로 거듭났으면 하는 바람을 적었다. 지금 여기, 일상의 지리학은 완성형이 아니라 완성을 향해 가는 지리학이기에 더 많은 사람이 이 길에 동참했으면 하는 바람을 적었다.

이 책은 새로운 지리학의 흐름에 주목하는 사람들이 함께 참여하고 이야기 나눌 수 있는 장을 마련하기 위한 초대장이다. 이미 인접 학문들이 일상 공간에 천착해서 많은 성과를 냈기 때문에 이 책이 오히려 식상해 보이지 않을까 우려된다. 하지만 일상 공간을 화두로 지리학의 새로운 영토를 개척하려는 이 책의 시도는 분명 낯선 모험이다. 그래서 홀로 가는 것이 버겁기만 하다. 이 책은 함께 길을 갈 동지를 만나고픈 희망을 담은 초대장이다. 격식을 갖춰 전해지는 초대장이 아니라, 친구에게서 받는 부담 없는 초대장이라고 생각해 주길 바란다. 이 초대장을 받은 이들이 나의 동지가 되어준다면 더 바랄 나위가 없겠다.

제 1 장　　　　　　　　　일상
　　　　　　　　　　　　공간의
　　　　　　　　　　　　등장

1. 지리학의 변신 — 인간과 공간의 관계를 묻는다

지리학은 '위치location'에 관한 학문이다. 인간이 '어디에' 존재하고 있는지를 묻는 학문이며, 지리적 현상이 '어디에' 위치하고 분포하는지를 탐색하는 학문이다. 하지만 지리학은 위치나 분포만을 연구하는 학문이 아니다. 위치나 분포에서 시작할 뿐이다. 지리학에서 위치나 분포가 중요한 것은 그것을 통해 내가 누구인지, 우리가 누구인지 설명할 수 있기 때문이다. 지리학은 위치와 분포에 대한 탐색에서 출발하여, 그것을 넘어 삶의 문제와 인간에 대한 이해에 도달하려는 학문이다.

인간에 대한 이해는 관념적이고 논리적인 문제가 아니다. 오히려 우리 몸이 지금 어디에 위치하고 있는가와 밀접한 관련이 있다. 세상에 던져진 존재인 인간은 자신이 던져진 곳에서 자신을 만들어간다. 자신이 태어난 곳, 자신이 다닌 학

교, 친한 친구, 놀러 갔던 장소, 들렀던 가게, 가지고 놀았던
장난감 등에 대한 기억들은 자신이 어디에 던져졌는가에 따
라 다르게 구성된다. 나와 남을 구별 짓고, 인간 개개인을 규
정하는 것은 일상의 작고 사소한 기억들이다. 그렇기 때문에
내가 어떤 위치에 놓여 있는가는 '나'를 이해하는 중요한 준
거가 된다. 지리학에서 위치를 인간 이해의 출발점으로 삼는
것도 이 때문이다.

전화 통화를 할 때 우리는 흔히 상대방에게 이렇게 묻는
다. "지금 어디야?" 정말로 그 사람이 어디에 있는지 궁금해
서 물을 때도 있지만 습관적으로 묻는 경우가 더 많다. 상대
방이 위치하고 있는 공간을 앎으로써 그 사람이 어떤 행동을
하고 있을지 짐작할 수 있기 때문이다. 저녁에 학교에서 자
율 학습 감독을 하고 있다고 대답하는 교사의 아내는 남편이
술을 마시고 있다고 생각하지 않는다. 술집에 있다고 대답하
는 대학생의 부모는 자식이 공부하고 있다고 생각하지 않는
다. 상대방이 어디 있는지를 아는 것은 곧 그 사람이 지금 무
엇을 하고 있는지를 안다는 것을 의미한다.

전화상의 대화에서 드러나듯 공간은 삶과 분리해서 생각
할 수 없는, 그야말로 '터전'인 것이다. 하지만 우리는 그것을
미처 인식하지 못하고 산다. 공간을 주어진 것으로 생각하기
때문에 그것이 우리 삶에 어떤 영향을 주고 있을 것이라고
생각하지 않는다. 세월이 흐르면서 인간의 삶은 변하지만 공

간은 늘 제자리에 있다. 그렇기 때문에 공간이 삶에 어떤 변화를 가져다주거나 영향을 줄 것이라고 생각하지 않는다.

이제 지리학은 변신해야 한다. 공간이 삶과 어떤 관련을 맺고 있는지를 보여주어야 한다. 지리학조차도 지금까지 공간이 우리 삶과 뗄 수 없는 관계에 있다는 사실에 대해 소홀했다. 지리학 전공자조차도 다른 사람들과 마찬가지로 공간을 삶과의 관계에서 보려고 하지 않았다. 기능적이고 과학적인 시선으로 통념의 차원에서 공간을 이해하고 설명하려는 노력은 많았지만, 인간을 이해하기 위해 공간에 천착하려는 노력은 적었다. 그렇기에 지리학은 새롭게 변신을 시도해야 한다. 전통적 지리학이 홀대했던 공간에 천착하여, 인간을 이해하고 존재를 이해할 수 있는 학문으로의 변신을 시도해야 한다.

도서관에서는 책을 봐야 하고 술집에서는 술을 마셔야 하듯이, 인간의 행동은 대체로 공간이 허락하는 범주에서 영위되고 있다. 공간이 모든 것을 결정한다는 생각은 지나친 것일지 모르지만, 일상에서 친구들과 어떻게 놀지를 의논하는 것은 놀이 방식을 결정하는 과정인 동시에 놀기 위한 공간을 선택하는 과정이라고 할 수 있다. 이렇게 인간은 공간이 허락하는 행위를 하면서 일상을 살아간다. '일어나다', '개최하다'라는 뜻을 지닌 'take place'라는 영어 관용어구에서도 알 수 있듯이, 어떤 일이 일어나는 데는 반드시 어떤 공간이나 장소가 전제되는 것이다.

그러나 이런 사실보다 더 중요한 것은 '어디서' 발생했는 가의 문제다. 같은 현상이나 사건이라고 하더라도 그 사건이 어떤 공간이나 장소를 매개로 하고 있는가에 따라 의미가 달라진다. 같은 싸움이라 해도 영화에 등장하는 조폭들이 싸우는 공간과 어린이들이 싸우는 공간은 서로 다르다. 조폭들은 지하 주차장이나 나이트클럽, 룸살롱 등을 배경으로 싸움을 하지만, 아이들이 싸우는 곳은 학교 운동장이나 아파트 놀이터다. 어떤 공간에서 싸움이 발생하는가에 따라 싸움이라는 현상의 의미에 커다란 차이가 생긴다. 가령 남자와 여자가 싸운다고 가정해보자. 직장에서 동료인 남녀가 싸우는 것, 가정에서 부부인 남녀가 싸우는 것, 그리고 공원의 벤치에서 연인인 남녀가 싸우는 것은 같은 말다툼의 형태이지만 싸움의 성격이나 의미가 다르다. 공간의 문제가 싸움의 성격이나 의미를 규정하는 데 영향을 주고 있는 것이다.

이렇듯 삶은 공간이나 장소4에서 이루어지므로 공간, 장소와 삶은 불가분의 관계를 맺고 있다. 공간을 소거한 상태에서 삶을 이야기하는 것이 불가능함에도 불구하고, 공간이란 늘 그 자리에 있는 것이기에 그 중요성을 잊고 산다. 이 책에서 새롭게 지향하는 지리학에서는 그렇게 잊힌 부분을 들추어내어 조명하면서 인간 삶의 본질적인 모습에 다가서고자 한다. 우리에게 익숙한 삶의 공간이 그냥 주어진 삶의 전제가 아니라 삶을 이해하게 해주는 중요한 토대임을 말하고자 한다.

자신이 지금 누리고 있는 공간은 삶에서 그냥 주어진 것이 아니라 열심히 노력해서 얻어낸 공간일 것이다. 사람들이 선망하는 회사에 자기 책상을 갖고 있다는 것은 나를 확인시켜 주고 내가 세상에 존재하게 해주는 근거이다. 회사는 해고하고 싶은 직원에게 대기 발령을 내기도 한다. 그 사람의 책상을 치워서 그 사람이 앉아 있을 수 있는 공간을 박탈한다. 그 사람이 근무하는 공간을 없앰으로써 그 사람이 회사에 더 이상 필요한 사람이 아님을 시각적으로 보여준다. 근무하는 일상 공간을 잃어버린 사람은 더 이상 회사에서 버틸 힘이 없다. 존재를 확인받을 수 있는 일상 공간을 잃어버린 사람은 그 공간에서의 존재 이유를 찾지 못한다. 회사와 마찬가지로 학교에서 학생들은 학교라는 공간이 요구하는 행위를 해야만 한다. 하지만 그런 일상 공간에 익숙해지는 순간부터 공간은 삶의 세트장으로 전락한다. 그저 삶을 둘러싸고 있을 뿐이다.

하지만 만약에 내가 살아가고 있는 공간이 변화한다면 삶은 어떻게 될까. 공간의 변화가 삶의 변화를 초래하는 것일까 아니면 삶의 변화가 공간의 변화를 초래하는 것일까. 닭이 먼저냐 달걀이 먼저냐의 문제에 버금갈 만큼 공간의 변화와 삶의 변화는 밀착되어 있다. 공간의 변화가 삶의 변화를 초래하고 있다는 사실은 교통과 통신 기술의 발달로 삶의 다양한 연결망이 형성되면서 새로운 공간이 탄생하는 현상을 통해 확인할 수 있다. 네트워크상에서 요구되는 삶의 방식이 이전과 다른 공간과 장소를 만들어내고 있다.

공간의 변화가 더디게 진행되었던 과거에는 공간이 인간의 삶에 더디게 영향을 주었으나, 공간이 빠르게 변화하는 지금에는 그만큼 빠르게 영향을 주고 있다. 그런 점에서 삶의 변화 속도와 우리가 살아가고 있는 공간의 변화 속도는 일치한다. 빠르게 변화하는 시대에 적응해야 하는 사람들을 위해 '피시방'이나 '패스트푸드점' 등과 같은 새로운 공간이 만들어진다. 돈이 급한 사람들에게 늦은 밤에도 담보를 받고 돈을 빌려주던 '전당포'는 추억의 공간이 되었다. 그 공간을 현금 자동 지급기가 있는 '365일 코너'가 대신한다. 은행마다 앞다투어 자동화 기기 설치 공간을 생산함으로써, 현대인의 일상은 더욱 바빠지고 늦은 시간까지 연장된다.

사람들이 살아가는 방식도 이제는 혈연, 학연, 지연에 크게 얽매이지 않는다. 오히려 온라인의 '길드'나 '동호회' 같은 곳에서 서로가 1촌을 맺으며 새로운 관계망을 만들어간다. 혈연, 학연, 지연에 얽매이지 않고 관심사가 같은 사람이나 생각이 비슷한 사람들끼리 관계망을 구축한다. 온라인을 통해서 새롭게 형성된 관계망에는 1촌인 사람과 1촌이 아닌 사람만이 존재한다. 나머지 개인의 배경은 그리 중요한 요소가 되지 못한다.

그런 관계망 속에서 인간은 새로운 공간을 점유하면서 자신을 확인받고, 자신의 존재 이유를 찾아간다. 인간은 이제 몸으로 경험할 수 있는 공간의 범위를 넘어 가상 공간에서 신뢰하고 의지하면서 살아간다. 새로운 공간의 창출이 삶의 방식을 변화시키고 있는 것이다. 몸을 통한 대면 접촉의 시대를 넘어, 이제는 모니터를 통한 가상 공간에서의 만남에 더욱 정성을 쏟는 시대가 되었다. 자신의 일상을 웹에 올려 다른 사람과 공유하고, 그런 과정에서 자신이 살아 있음을, 내가 나임을 확인받는다.

공간의 변화가 초래한 삶의 변화는 인간 존재에 대한 근본적인 이해에도 변화를 가져온다. 내가 살아 있음을 확인받는 것도, 내가 나임을 확인받는 것도 이전 시대와는 다른 양상을 보인다. 인간이 놓여 있는 위치가 이전 시대와는 다르므로 인간에 대한 이해도 달라져야 한다. 공간 내 존재being-in-the-space[5]로서의 인간에 대한 이해는 인간을 둘러싸고 있는 공간과 인간이 어떻게 관계 맺고 있는가에 따라 달라진다.

영어 단어 'existence(ex/istence)'의 어원에 따르면, 존재는 자아 중심적인 특성을 갖고 있는 것이 아니라, 다른 사람들과의 관계를 향한 탈중심성을 갖고 있다. 존재에 대한 모토는 "안으로 들어가지 말고 밖으로 나가! 인식론적 주체가 되지 말고 윤리적 행위자가 돼라!"가 되는 것이다.[6] 존재의 고유성은 타자 중심성 또는 탈중심적 요소들과의 대화를 통해서 보장된다. 곧 존재는 자신을 둘러싸고 있는 환경 속에서 자신을 규정한다. 자신의 내부 속으로 침잠하지 않고, 자신을 둘러싸고 있는 환경, 즉 공간과의 관계 맺기를 통해 자신을 형성하고 규정한다. 이런 점에서 지리학은 인간이 거주하는 공간에 관심을 갖는다. 거주지의 환경이 존재를 규정하는 데 영향을 준다. 거주 공간의 점유 주체가 누구인가에 따라, 즉 그 공간을 점유하고 있는 주체의 특성에 따라 공간과 점유자가 관계를 맺는 방식에도 차이가 있다.

그러나 같은 공간을 점유하고 있다고 해서 반드시 모든 점유자가 그 공간에 동일한 의미를 부여하는 것은 아니다. 같은 공간을 점유하고 있다고 해도 그 공간과 관계를 맺는 방식에는 차이가 있다. 예를 들어, 학생과 교사가 학교라는 교육 공간에 부여하는 의미가 같을 수 없다. 학교에서 자신의 미래를 설계하고 꿈을 키워가려는 학생과 더 이상 미래를 설계하지 못하고 학생들에게 꿈을 보여주지 못하면서 하루하루를 관성적으로 소비하는 교사에게 학교라는 공간이 갖는 의미가 같을 수 없다. 또 반대로 소명 의식을 갖고 열심히 노력하는 교사와 관성적으로 학교를 다니는 학생은 학교에 대한 생각이 같을 수 없기 때문에 그들이 학교라는 공간과 관계 맺는 방식에도 차이가 있다. 평생직장으로 여기며 열심히 일하는 노동자와 이윤만을 생각하는 사업주에게 회사가 갖

는 의미 또한 같을 수 없다. 그들은 같은 공간을 점유하고 있
지만, 그들이 공간과 관계 맺는 방식에 따라 그들의 존재론
적 특성이 달라지는 것이다.

한 개인의 경우에도 공간에 따라 그의 존재가 다르게 설정
되기도 한다. 교사는 학교에서만 교사일 뿐, 집으로 돌아가
면 아버지나 어머니, 혹은 딸이나 아들이 된다. 농구 선수는
경기장에서는 운동선수이지만, 집에서는 남편이나 아내일
수 있고 자식일 수 있다. 우리를 둘러싸고 있는 환경(공간)과
소통하는 과정에서 존재의 특성이 달라지는 것이다.

이러한 삶과 공간의 관계를 천착하기 위해 지리학은 더 이
상 기능적이고 사실적인 차원의 지식 생산에 연연해서는 안
된다. 삶이 빠져 있는 지식은 인간에 대한 이해를 외면하므
로 이러한 지식의 생산은 지양되어야 한다. 삶의 토대로서
공간은 인간이 살아가면서 생산한 무수한 이야깃거리들을
담고 있지만, 기능적인 시선은 그런 이야깃거리에 주목하지
않는다. 동일한 기능을 갖는 공간이라면 어디서나 같은 이야
기를 갖고 있을 것이라고 가정한다. 야구장이나 농구장을 그
저 야구나 농구만을 하는 공간으로 생각하는 순간 그 공간에
담겨 있는 사람들의 살아가는 이야기는 소거된다. 2008년에
동대문 야구장이 사라졌다. 어쩌면 동대문 야구장이 사라진
것이 아니라, 그 야구장에서 꿈을 키워온 사람들이 돌아갈
장소가 없어진 것인지도 모른다. 삶과 공간의 관계를 천착하

는 지리학은 사람들의 살아가는 모습에 주목하는 것이고, 그것을 통해서 인간을 이해하고자 한다.

삶의 전제로서 존재하는 공간이 침묵을 통해 우리와 소통하려고 하는 것이 무엇인지 귀를 기울여보자. 공간은 인간과 끊임없이 소통해왔고 지금도 소통하고 있지만 침묵으로 일관하고 있기 때문에 우리는 공간이 우리와 소통하고 있다는 사실을 잊고 산다. 인간과 공간의 관계에 관심을 기울이는 지리학은 그 망각된 부분에 천착하면서 의미 생산에 주력한다. 현재의 공간은 '지금 여기'에 살고 있는 우리의 자화상이다. 우리가 살아가는 방식이 공간 속에 투영되어 있기 때문에 그것을 통해서 우리는 삶을 반성적으로 되돌아볼 수 있다. 그리고 그 과정에서 발견되는 부조리한 모습과 불편한 진실에 대해 이야기하면서 관성적인 삶의 이해에서 벗어날 수 있다.

2. 일상 공간의 등장 — 작고 사소한 것의 힘

〈블레이드 러너Blade Runner〉는 1982년에 리들리 스콧Rid-ley Scott 감독이 만든 영화다. 영화의 줄거리는 이렇다. 과학 기술이 발달하고 문명이 발달한 미래에 인간은 복제 인간을 이용해 우주를 개척한다. 이 복제 인간은 태어나는 순간 성인 남녀와 똑같은 감성과 이성을 갖는다. 하지만 그들은 4년밖에 살지 못한다. 이들을 생산하는 타이렐 사가 프로그램으로 운명을 정해놓았기 때문이다. 그러나 복제 인간들은 자신들이 4년밖에 살지 못한다는 사실을 받아들이지 못하고 수명을 연장하기 위해 일터를 무단으로 이탈해서 지구로 들어온다. 자신들을 만든 타이렐 사의 회장을 만나 프로그램을 바꾸기 위해서다. 하지만 불행하게도 복제 인간의 수명을 연장할 수 있는 사람은 어디에도 없다.

'블레이드 러너'는 근무지를 이탈해 지구로 들어온 복제 인간을 잡는 사람이다. 이들이 복제 인간과 진짜 인간을 구별하는 기준은 어릴 때의 기억이다. 복제 인간은 성인으로 태어나지만 기억은 네 살짜리 아이와 같다. 그들은 자신의 과거에 대한 기억이 없다. 네 살짜리 아이가 기억하고 있는 것이 무엇이겠는가. 그들은 부모가 누군지 모르며, 친구들과 개구리를 잡으며 놀았던 기억도, 엄마와 손을 잡고 걸었던 기억도 없다. 단지 태어나는 순간부터 일터에서 일한 기억만 남아 있다. 그렇기 때문에 블레이드 러너는 기억을 물어보는 방식으로 복제 인간과 진짜 인간을 구별한다.

이 영화처럼 우리는 몸을 통해 경험하는 일상의 작은 기억을 통해서 자신이 누구인지 알 수 있다. 일상의 작고 사소한 편린이 나를 구성한다. 그것을 통해 남과 다른 내가 된다. 그런 일상의 편린이 없으면 인간이라고 할 수 없다. 복제 인간은 일상적인 경험에 대한 기억이 없다. 그들이 기억하는 것은 '프로그램화된' 경험이다. 그렇기 때문에 그들에게는 인간이 사는 공간에 함께 거주하는 것이 허락되지 않는다. 복제 인간은 발견되는 즉시 죽음을 맞는다. 그렇기에 그들은 치열하게 블레이드 러너와 싸운다. 잡히지 않기 위해 싸우고, 살아남아서 생명을 연장하기 위해 싸운다. 하지만 그들은 결국 프로그램에 굴복하고 만다. 그리고 자신이 누구인지도 알지 못한 채 죽음을 맞는다.

우리의 일상을 구성하고 있는 요소는 바로 이런 것이다. 우리가 늘 기억하면서 소중하게 생각하지는 않지만 결정적인 순간에 나와 남을 구별하게 해주고, 내가 사는 공간과 남이 사는 공간을 구별하게 해준다. 그렇기 때문에 우리 몸에 각인되어 있는 일상적 요소는 쉽게 지워지거나 없어지지 않는다. 오랜 세월 동안 시나브로 축적된 기억이므로 한순간에 사라질 수 없다. 그렇게 일상은 나와 다른 사람을 구별 짓게 해준다.

일상은 시시하고 잡다한 것들로 구성되어 있다. 너무나 시시하고 잡다해서 중요하게 생각되지 않는 것들로 말이다. 멋지고 근사한 삶이나 쾌적한 공간이나 눈에 띄게 멋지고 화려한 장소만이 나를 대변하는 것이 아니다. 내 삶의 시시하고 잡다하고 정리되지 않은 모습이 나일 수 있다. 우리 삶을 구성하고 있는 일상적 요소가 나이고 우리인 것이다. 우리 주위에 흩뿌려져 있는, 가치 없다고 여겨지는 작고 사소하기까지 한 다양한 경관이 나를, 그리고 우리를 재현하고 있다. 푸코Michel Foucault는 본래 삶을 구성하는 요소들 가운데는 가치 있는 것과 가치 없는 것의 구분이 없었으나, 이제는 누군가에 의해 결정된 가치 있음과 가치 없음의 준거가 우리 삶을 구분하고 있다고 비판했다.

푸코의 지적처럼 일상적인 삶을 가치 있는 것과 가치 없는 것으로 구분하는 잘못된 관습으로 인해, 우리는 삶의 토대가 되는 일상 공간의 가치를 제대로 인지하지 못한다. 학교 교육을 통해서 가치 있다고 배운 공간에서는 가치를 발견하기 위해 노력하지만, 정작 내 일상 공간에서는 그런 노력을 하지 않는다. 교과서에 등장하는 공간은 왠지 중요한 공간처럼 인식되지만 교과서에 등장하지 않는 일상 공간은 중요하지 않은 것만 같다. 백화점은 중요하지만 동네 구멍가게는 그렇지 않은 것 같고, 구불구불한 골목길로 이어진 동네는 재개발을 해서 고층 아파트나 상가로 변모해야 할 것만 같다. 일상 공간은 익숙하고 낯익은 공간이기에 우리 삶과 밀접한 관련을 맺고 있다고 여겨질 수는 있지만, 교과서에 나오지 않기 때문에 사람들에게 큰 의미를 부여받지 못한다. 교과서를 통해서 배우는 공간은 늘 나의 삶과는 거리가 있는 공간이었다. 설령 익숙한 공간에 대해 배우더라도 우리는 그 공간의 의미에 주목하는 것이 아니라 기능적인 측면을 배웠다. 그렇기 때문에 일상 공간에 대해 천착하는 것이 쉽지 않다. 앎과 삶이 유리되어 있는 학교 교육에 익숙하기 때문에 일상생활에서 의미를 발견하는 것에 익숙하지 않은 것이다.

부버Martin Buber의 용이를 빌린다면, 나를 둘러싸고 있는 공간은 모두 3인칭의 공간이고, 나와 관계가 없는 객관화된 공간이다. 그런 공간들이 인간 존재가 갖고 있는 외부 지향적인 성격에 의해 나와 관계를 맺으면서 3인칭의 공간에서 2인칭의 공간으로 변해간다. 나를 둘러싸고 있던 공간이 내가 투사된 의미 공간으로 변해간다. '나와 너'의 관계로 규정된 2인칭의 일상 공간은 '나와 그'로 규정된 3인칭의 타자화된 공간보다 내 삶과 밀접한 관련을 맺고 있다. 그러나 그런 일상 공간은 거창하거나 화려하지 않다. 오히려 사소하고 초라하다. 특별히 의미를 담고 있는 공간이라는 생각도 들지 않는다.

그런 일상 공간은 내가 누구이고 우리가 누구인지를 재현한다. 일상 공간에는 매일같이 반복되는 삶의 과정에서 생산된 의미가 퇴적되어 있다. 작고 사소하고 초라할 수 있는 의미들이 매일같이 차곡차곡 쌓인다. 하루의 무게는 가볍지만, 세월의 무게는 노인들의 허리를 휘게 하고 머리를 희게 하며 얼굴을 주름지게 한다. 일상적으로 매일같이 퇴적되는 의미들이 결코 가볍지 않음을, 우리는 인간의 삶을 통해서 본다. 이렇듯 일상의 편린들이 쌓인 일상 공간의 의미 지층은 두껍다. 인간의 삶의 무게를 실어 나르기 때문에 두껍고 무겁다. 몇십 년 혹은 몇백 년의 세월이 퇴적되어 있는지 모르기 때문에 그 무게를 가늠할 수 없지만 두껍고 무거운 의미의 지층, 그 위에서 우리는 오늘을 산다.

일상 공간은 현재 내가 살고 있는 공간이다. 이탈리아의 철학자 비코Giambattista Vico는 "이 사회는 분명 인간이 만든 것이므로 그 원리는 인간 정신 자체의 변화 양태 안에서 찾을 수 있으며, 또 그렇게 되어야만 하는 것이다"라고 말한다.7 비코의 표현을 빌려 인간의 삶과 공간의 관계를 설명하기 위해 인간의 삶이 가장 잘 녹아들어 있는 공간을 찾는다면, 그 공간은 다름 아닌 우리가 일상적으로 소비하는 공간이다. 우리가 일상적으로 소비하는 공간은 꾸밈없는 인간의 모습을 발견할 수 있는 곳이며 가식이 없는 인간의 의미를 찾을 수 있는 곳이다. 있는 그대로의 나를, 우리를 보여주고 있는 공간이다. 작고 사소한 것으로 구성된 일상 공간이 힘을 갖는 것은 그것이 인간이 만든 의미 세계로 들어가는 길을 안내하는 낯익은 공간이기 때문이다. 일상 공간은 꾸미지 않은 우리의 참모습을 발견하게 해주는 진실한 곳이다. 이러한 일상 공간은 우리 삶을 가능하게 해주지만, 결코 자신을 드러내지 않으면서 묵묵히 나를, 그리고 우리를 지탱해준다.

3. 낯익은 공간을 낯설게 하기 — 일상 공간의 새로운 의미 발견

매일의 삶이 반복되는 일상 공간은 익숙하고 낯익다. 낯설고 어색한 공간은 관찰의 대상이고 주목의 대상이지만, 익숙하고 낯익은 공간은 그렇지 않다. 하지만 우리가 살아가면서 나를 확인받을 수 있는 공간은 낯익고 익숙한 공간이다. 낯설고 특이한 공간은 생활 무대가 아니기에 나를, 우리를 담보해주지 못한다. 일상생활이 영위되는 일상 공간에는 매일의 삶에서 생산되는 다양한 이야기들과 의미들이 퇴적된다. 가볍고 사소한 일상의 의미들이 쌓여 꽤 두꺼운 지층을 만든다. 하지만 익숙하고 낯익은 일상 공간에서 의미를 발견하기는 쉽지 않다. 너무 익숙하고 낯익기 때문에 객체화하여 의미를 발견하는 것이 쉽지 않기 때문이다. 그렇기에 일상 공간의 의미를 발견하기 위해서는 무엇보다도 먼저 낯익은 공간을 낯설게 바라보아야 한다. 익숙함과 낯익음에서 벗어나야만 일상 공간 속 의미 탐색을 위한 여정을 시작할 수 있다.

우리는 매일 같은 길을 걸어서, 같은 교통수단을 이용하여 출퇴근하고 통학한다. 늘 같은 공간을 지나다니지만 어느 순간 저 가게가 언제부터 거기에 있었는지, 저 건물이 원래 저렇게 생겼는지 낯설게 느껴질 때가 있다. 우리 몸에 익숙한 많은 것이 어느 순간 어색하게 느껴지는 때가 있다. 매일같이 지나다니는 공간이 어느 날 갑자기 다른 느낌으로 와 닿는 때가 바로 우리 일상이 다시 보이는 순간이다. 낯익은 일상 공간이 낯설게 느껴질 때, 그때 비로소 일상에 담겨 있는 의미를 발견할 수 있다.

〈강원도의 힘〉[8]이라는 영화를 만든 홍상수 감독은 어느 잡지 인터뷰에서 이 영화를 만든 이유를 이렇게 설명했다. 어느 날 자신에게 익숙했던 거리가 문득 낯설게 느껴지는 일이 있었는데, 이를 계기로 자신이 자주 갔던 공간이 어느 날 낯설게 느껴질 때의 느낌이 어떤 것인지를 그려보고 싶었다는 것이다. 우리가 일상적으로 자주 다니는 공간일지라도, 내 삶에 어떤 변화가 있을 때 그 공간이 주는 느낌은 사뭇 다르다. 매일같이 듣던 음악이 연인과 헤어지거나 새로운 연인을 만났을 때 새로운 느낌으로 들리는 것처럼, 늘 지나다니던 산책로에서 맘에 드는 누군가를 만났을 때 그 공간은 이전과는 다른 느낌으로 다가온다. 낯익은 것이 어느 순간에 낯설게 느껴지는 과정을 겪을 때, 내가 살고 있는 공간을 다시 보게 되고 내가 자주 보던 경관을 다시 느끼게 된다.

추석이나 설에 사람들은 차가 막히는 것을 감수하면서도 관성적으로 고향을 찾는다. 그런데 갈 때마다 고향의 느낌이, 고향으로 가는 길에 대한 느낌이 다르다. 매년 가는 길이지만 도로 상황에 따라 고향으로 가는 길이 다르게 느껴진다. 고향 또한 그렇다. 내가 나고 자란 곳임에도 매번 다르게 느껴진다. 기억 속의 고향과 지금의 내 시선으로 바라보는 고향이 다르게 느껴진다. 고향의 모습이나 고향으로 가는 길이 변했기 때문에 낯설게 느껴지기도 하겠지만, 익숙한 경관을 바라보는 나의 시선에도 변화가 있는 것이다. 그리고 이러한 고향의 다른 모습과 느낌은 예전과는 다른 모습으로 다시 머릿속에 남게 된다.

오시이 마모루押井守 감독이 만든 일본 애니메이션 〈공각기동대攻殼機動隊〉의 마지막 부분에서, 인형사와 합체해 키가 작은 여학생으로 다시 태어난 주인공 쿠사나기 모토코는 바투의 집을 떠나면서 이런 말을 한다. "어린아이는 어린아이였을 때 어린아이처럼 생각하고 행동하지만, 어른이 되면 어른처럼 생각하고 어른처럼 행동한다." 어릴 때 내가 바라보았던 경관이 어른이 돼서 바라보는 경관과 같은 의미로 다가올 수 없는 것은 당연한 일이다. 그렇기 때문에 내가 일상적으로 접하는 공간이 어느 날 내게 다른 공간으로 다가온다는 것은 다른 생각이나 다른 느낌을 갖고 있는 나를 확인하는 과정인 것이다.

일상에서 겪는 작은 변화가 내가 살아가는 일상 공간을 새로운 시선으로 바라보게 한다. 미국의 인류학자 홀Edward Hall이 "침묵의 언어"[9]라고 부른 공간은 과묵하게 '지금 여기'에 계속 있어왔고, 지금도 있다. 침묵의 언어로써 우리에게 무언가를 속삭이는 경관의 이야기를 우리가 들을 때도 있고, 듣지 못할 때도 있다. 낯익고 익숙한 공간에서는 침묵으로 일관하는 공간을 천착하지 못하고 그것에 귀 기울이지 못한다. 하지만 그런 익숙하고 낯익은 공간이 낯설게 느껴지는 순간에 침묵으로 일관하던 공간이 나에게 말을 건넨다. 그 과정에서 우리는 자신을 둘러싸고 있던 공간이나 경관에 대해 새롭게 인식하게 된다. 공간이 속삭이는 소리를 통해서 자신에게 익숙한 공간을 새롭게 보게 된다.

기억 상실증에 걸린 사람을 생각해보자. 그가 깨어나면서 "여기가 어디죠?"라고 묻는다. 자기가 누군지도 모르고 자기가 누워 있는 곳도 낯설다. 그렇기 때문에 그는 자신이 누구인지를 알기 위해 일상의 사소한 것이라도 기억해내려 한다. 무엇이라도 상관없다. 그 순간에는 가치 있는 기억과 가치 없는 기억의 구별이 무의미하다. 어느 것이든 나를 알게 해주는 단서가 된다. 영화 〈본 얼티메이텀The Bourne Ultimatum〉에서 주인공 제이슨 본은 사고로 기억을 잃는다. 그는 자신이 어떤 사람이고 무슨 일을 했으며 어디에서 살았는지를 궁금해한다. 그는 자신을 되찾기 위해 자기 주변의 작고 사소한 단서들을 근거로 자신을 추적해가고, 그러는 과정에서 자신을 조금씩 알아간다. 자신이 국가의 비밀요원 프로젝트에 처음으로 참가했던 사람이고, 프로젝트의 위험성을 알게 된 국가가 그 기록을 없애기 위해 자신까지 죽이려 했다는 것을 확인한다. 제이슨 본이 자신을 찾아가는 과정에서 중요한 기억과 그렇지 않은 기억은 존재하지 않는다. 내가 기억할 수 있는 어떤 단서도 놓치지 말아야 기억 상실증에 걸리기 이전의 나로 돌아갈 수 있으며, 그러기 위해서는 끊임없이 내가 누구인지를 물어야 한다. 나는 어디서 태어났으며, 몇 살이며, 무슨 일을 하고 있었는지 등등. 다른 사람과 공유되지 않는 나만의 사소하고 시시콜콜한 기억은 내가 누구인지를 알아가는 지름길 역할을 한다.

화려했던 삶의 순간이 아니라, 오히려 사소한 일상 공간에 대한 기억을 잃었을 때가 더 안타깝고 답답하다. 이름도, 살던 집도, 가까이 지내던 사람들도 모두 낯설다. 삶의 일부였던 것들이 너무나 낯설게 느껴지는 순간, 이미 나는 예전의 내가 아닌 것이다. 그리고 점차 예전의 기억을 되찾는 과정에서 익숙했던 사실들을 새롭게 알게 되고, 새롭게 느끼게 된다. 조금은 극단적인 비유지만, 우리가 낯익은 공간에 대해 문득 낯섦을 느끼는 것은 기억 상실증 환자가 다시 기억이 돌아오는 과정에서 익숙했던 사실들에 대해 낯섦을 느끼는 것과 같은 현상이 아닐까. 익숙하고 낯익은 일상적인 요소들을 하나씩 새롭게 발견해가며 나를 찾는 과정은 우리가 삶에서 중요하지만 잊고 살아가는 부분을 깨닫는 과정일 수 있다. 침묵으로 일관하던 공간이 비어 있는 공간이 아니라 내 삶으로, 내가 생산한 의미들로 가득 채워져 있음을 발견하는 과정인 것이다.

낯익은 것을 낯설게 보려면 고정된 시선에서 벗어나야 한다. 이전의 관점에서도 벗어나야 하고, 현상을 바라보는 위치도 다시 잡아야 한다. 지금까지의 나에서 벗어나는 과정은 낯설고 어색한 다른 시선을 요구한다. 앞에서만 바라보았다면 뒤에서도 봐야 하고, 똑바로만 보았다면 거꾸로도 볼 수 있어야 한다. 하나를 전체로 보았다면 전체를 나누어서 볼 수도 있어야 한다.

내부자의 시선으로 낯익은 공간을 낯설게 읽어보자. 내부자의 시선으로 낯익은 공간을 본다는 것은 일상 공간이 수행하고 있는 기능적인 사실을 그대로 드러내는 것이 아니다. 오히려 객관적인 기능 너머에 있는 그 공간을 터전으로 삼아 살아가는 사람들의 이야기에 주목하는 것이다. 지하철역이 갖는 의미는 사람마다 다르다. 홈리스들에게 지하철역은 피곤하고 지친 몸을 쉴 수 있는 공간이고, 노점상들에게는 생계를 유지하는 일터이지만, 그곳을 지나치는 행인들에게는 단지 정거장일 뿐이다. 광화문 앞 종로에서 바라보는 종로와 피맛골에서 바라보는 종로는 다르다. 광화문 앞을 지나가는 종로길에서 바라본 종로가 외부자의 시선으로 본 종로의 모습이라고 한다면, 피맛골에서 바라본 종로는 내부자의 시선으로 본 종로의 모습이 아닐지.

삶을 구성하는 다양한 일상 공간을 기능적 의미로만 규정짓는 것은 곤란하다. 일상 공간이 요구하는 기능을 수행하면서 우리는 그 공간에 자신의 의미를 새긴다. 매일같이 출근하는 직장은 내가 세상에 존재하는 이유를 대변해주는 공간인 셈이다. 직장은 내가 매일같이 출근할 곳이 있고 일할 곳이 있으며 내가 세상에서 살 수 있다는 것을 대변해주는 곳일 수 있다. 정년퇴직한 사람들에게 직장은 단지 돈을 벌기 위한 공간이 아니라 자신들이 살아온 삶이 새겨져 있는 곳이다. 하지만 외부자의 시선으로 바라보는 직장은 생계를 위해 돈을 버는 곳이라는 통념적 가치를 넘어서지 못한다. 외부자는 '때가 되어서 은퇴하는구나'라는 시선으로만 퇴직자들을 바라볼 뿐이다.

그렇기에 외부자의 시선으로 낯익은 일상 공간을 낯설게 읽는 것은 어렵다. 개인에게 일상 공간은 통념적인 의미를 넘어선다. 학교라는 공간에 대한 기억이 서로 다를 것이며, 학교 내에서 특별히 의미 있게 기억하는 공간도 사람마다 다르다. 취직 공부를 위해 오랜 시간을 보냈던 도서관을 소중히 기억하는 사람이 있을 것이고, 친구들과 이야기를 나누던 운동장이나 잔디밭을 소중히 기억하는 사람이 있을 것이다. 사람마다 기억하는 일상 공간은 같을 수 없으며, 각자의 일상 공간은 각자의 삶을 대변해주고 각자를 드러내준다. 성격이 깔끔한 사람은 자신의 방을 늘 깨끗하게 정돈하지만, 털털한 사람은 그렇지 않다. 각자의 성격을 드러내주는 일상 공간인 방이 갖는 의미를 내가 아닌 다른 사람의 시선으로는 설명하기 어렵다.

정착민이 아닌 유목민의 시선으로 낯익은 공간을 낯설게 읽어보자. 정착민의 시선은 외부자의 시선과 크게 다르지 않다. 정착민의 시선으로 바라보는 공간의 의미는 늘 하나일 수밖에 없지만, 유목민의 시선으로 바라보는 공간의 의미는 여러 개다. 공간과 의미가 정착민의 시선에서는 일대일의 대응 관계를 갖지만, 유목민의 시선에서는 일대다의 대응 관계를 갖는다. 정착민의 관점이 객관적으로 드러나 있는 하나의 사실을 토대로 공간을 설명한다면, 유목민의 관점은 개개의 공간을 존중한다.

정착민의 시선에는 일상 공간 속에 담겨 있는 두꺼운 의미 지층을 읽어낼 수 있는 힘이 없다. 일상 공간의 의미를 찾아낸다고 하더라도 정착민의 시선은 일상 공간에 대한 하나의 초월적인 의미를 강요한다. 정착민은 기존의 생각에서 벗어날 이유가 없기 때문에 자신의 생각을 변화시키지 않는다. 하지만 유목민의 시선은 그런 초월적이고 유일무이한 의미 해석을 거부한다. 그들은 '매끄러운' 인식의 틀을 갖고 있기 때문에 자신들의 사고 체계를 중심으로 다양한 현상과 접속해 의미 세계를 구축해간다.

유홍준은 똑같은 정자라도 경상도의 정자와 전라도의 정자가 서로 다른 맥락 속에 있다고 본다.[10] 경상도의 정자가 유흥을 즐길 수 있는 경치 좋은 계곡에 세워져 있다면, 전라도의 정자는 생활 공간에 세워져 있다는 것이다. 그렇기 때문에 경상도의 정자와 전라도의 정자를 바라보는 느낌도 다르다고 한다. 경상도의 정자가 자연을 압도하는 듯한 느낌을 준다면, 전라도의 정자는 생활 속에서 인간의 삶과 어우러져 조화를 이루고 있는 느낌을 준다고 한다. 같은 정자라도 어떤 공간에 세워지는가에 따라 의미가 달라지는 것이다. 정착민의 시선은 정자를 늘 양반들의 유희 공간으로 본다. 생활 문화 속 정자가 아니라 양반 문화의 유산으로만 본다. 양반이 아닌 평민이 정자를 짓는 것은 어렵다는 이유로 정자를 양반의 풍류를 상징하는 공간으로 인식한다. 이는 기능적 차원에서 정자라는 건축물을 바라보기 때문이다. 그러나 정자가 놓여 있는 공간의 맥락을 고려해보면 정자라는 경관이 갖고 있는 의미의 스펙트럼은 단조롭지 않다.

유목민의 시선으로 정자를 읽어가는 것은 기존의 관점을 바꾸고 새로운 맥락에서 바라보는 것을 의미한다. 유목민의 시선은 정자를 양반의 유희 공간이나 풍류의 상징으로 보는 고정된 인식에 머무르지 않는다. 공간과 의미가 일대일의 대응 관계에 놓여 있는 정착민의 시선에서는 정자가 어디에 위치하는지는 중요하지 않다. 어디에 위치하든 정자는 양반 문화의 산물이다. 반면에 유목민의 시선에서는 정자가 놓여 있는 위치가 중요하다. 정자에 얽매인 의미 체계를 이해하려면 정자가 어떤 사회적, 역사적 맥락에 놓여 있는지를 파악해야 한다. 그래서 유목민의 시선은 고정된 하나의 시선으로 정자를 바라보는 것이 아니라, '지금 여기'를 고려하면서 정자를 바라본다.

유목민의 시선은 정착민이 만든 고정된 인식의 틀에서 벗어나 있다. 정착민의 시선은 통념에 맞닿아 있어서 상투적이고 고착되고 관습적인 이야기들을 엮어내지만, 유목민의 시선은 고정 관념을 거부한다. 길에 비유하자면, 정착민의 길이 누군가에 의해 정돈된 고속 도로나 도시와 도시를 연결하는 직선으로 이어진 통념적인 길이라면, 유목민의 길은 누군가에 의해 만들어진 길이 아니라 불확정적이고 무정형의 영역을 가로지르는 길이다. 정착민의 길이 고속 도로와 같이 도로로 규정되어 있는 길이기 때문에 경로를 이탈하는 것이 허락되지 않는 길이라면, 유목민의 길은 도로로 규정되어 있는 길이 아니기 때문에 자유롭다. 정해져 있는 길이 없기 때문에 유목민은 사방으로 나 있는 길을 자유롭게 왕래한다. 그리고 길 주변과의 관계에서 그 길의 의미를 생각한다.

유목민의 시선은 우리가 정당하고 옳다고 생각하는 것에 대해 회의한다. 그것을 누가 옳다고 생각하고 옳다고 말하는지를 묻는다. 그들의 시선은 끊임없이 부유한다. 기원에 대해 질문하면서 자신의 생각을 끊임없이 바꾸어간다. 그렇기에 '지금 여기'의 일상 공간을 낯설게 읽어갈 때는 유목민의 시선이 요구된다. 유목민의 시선은 '지금 여기'의 일상 공간이 정말로 중요한 것인지, 아니면 중요하다고 규정해야만 하는 것인지를 가늠하게 해준다. 우리는 나를 둘러싸고 있는 공간에 나를 새긴다. 그리고 그런 공간에 새겨져 있는 의미를 통해 나를 확인받는다. 하지만 그 공간에 새겨져 있는 의미는 외부자의 시선과 정착민의 시선으로는 가늠하기 어렵다. '지금 여기'의 삶은 끊임없이 생성되고 변화하고 있어 거기에 어떤 삶의 모습이 담겨 있는지를 해석하기가 쉽지 않기 때문이다.

유목민의 시선은 익숙하고 낯익은 공간을 지속적으로 다르게 바라볼 것을 요구하고, 초월적인 하나의 의미에 집착하기를 거부한다. 정착민은 일상 공간에 담겨 있는 하나의 의미에 집착하고, 익숙한 일상 공간의 낯익음에서 벗어나지 못하면서 통념적인 가치를 추구하기 때문에 오히려 개개의 의미 구성에 소홀하다. 가족들이 함께 거주하고 있는 집이라는 공간의 의미도 가족 구성원 각자에게 다를 수 있다. 하지만 정착민의 시선에서 집은 편안한 안식처일 뿐이다. 편안한 안식처로 인식하는 데서 끝나는 것이 아니라 '편안한 안식처'라는 계몽적인 인식을 강요한다. '누가' 편안하다고 말하는지는 고려의 대상이 아니다. 그들은 이미 공간에 대해 정해져 있는 의미 체계를 그대로 수용한다. 의심하거나 비판하지 않고 고착된 인식의 틀을 그대로 답습한다. 하지만 유목민의 시선으로 본 집은 편안한 휴식을 제공하는 안식처가 아닐 수 있다. '누가' 편안하다고 말하는지도 관심거리다. 집이 편안한 안식처라는 생각에 가족 구성원 모두가 합의하는 경우도 있지만, 그렇지 못한 경우도 있다. 그렇기 때문에 유목민의 시선에서 본 집의 의미는 가족 구성원에 따라 다르다.

그렇기에 일상 공간은 결코 일상적이지 않다. 일상 공간은 고요한 듯 침묵으로 내가 살아가도록 하지만, 결코 고요하거나 잠잠하지 않다. 다만 우리가 일상 공간에 대해 고요하고 아무 말이 없다고 생각할 뿐이다. 우리의 삶이 역동적으로 움직일수록 일상 공간의 고요함은 더욱 깊어간다. 그 삶의 역동성에 매몰되면서 끊임없이 생성과 변화를 거듭하는 일상 공간의 의미를 잃어버린다. 낯익은 일상 공간의 의미를 천착하는 것은 바로 삶의 역동성을 이해하기 위한 것이고, 그런 생성과 변화가 반복되는 삶의 과정을 이해함으로써 나와 우리를 알아가기 위한 것이다. 침묵으로 우리 삶을 묵묵히 지켜보고 있는 일상 공간은 끊임없이 우리와 소통하기를 원한다. 하지만 우리는 바쁘고 정신없이 살아가느라 일상 공간과의 대화를 거부해왔다. 침묵의 언어로서의 공간이 오랜 침묵에서 벗어나 우리와 소통하는 순간에 우리는 잃어버린 나를 찾게 될 것이다. 오랜 세월에 걸쳐 그 공간에 쌓아두었던 이야기들을 통해서 우리가 살아온 다양한 삶의 모습을 보게 될 것이다.

제 2 장 ──────────── **다름의
지리학**

다름의 지리학에서 '다름'은 '시선'의 다름, 즉 지역을 '바라보는 방식way of seeing'의 차이에서 비롯되는 다름을 의미한다. 동일한 지역이라 하더라도 어떤 방식으로 바라보는가에 따라 지역이 담고 있는 의미는 달라진다. 일상 공간이나 지역을 바라보는 지리학자의 시선은 단순하다. 공간이나 지역을 기능적이고 과학적으로 보기 때문이다. 기능적이고 과학적인 시선은 개인 차원에서 의미를 부여하는 것을 받아들이지 않는다. 그것은 과학적이지 않고, 기능적으로 일반화하기 어렵기 때문이다. 그래서 지리학의 시선은 점차 단순해지고, 지리 현상에 대한 기술도 점점 얇아져간다. 공간의 두꺼운 의미 지층에 새겨져 있는 이야기들을 읽어내 기술하는 것이 아니라, 기표적으로 확인 가능한 것만을 기술한다. 공간에 대해 겉으로 드러나는 것만을 기술하는 것은 공간을 토대로 살아가는 사람들의 삶을 설명하지 못한다. 그 공간에서 역동적으로 살아가는 인간의 삶이 소거되고, 공간이나 장소에 담겨 있는 사람들의 다양한 삶의 이야기가 사라지기 때문이다. 삶의 모습이 소거된 뒤 남는 것은 사전적 의미의 '공간空間'뿐이다. 아무것도 담겨 있지 않은, 인간과 인간 사이에 존재하는 빈자리만이 남게 된다. 그렇기에 시선의 단순함에서 비롯되는 지리학의 이야기는 건조하고 나른하다. 삶의 역동성이 사라지고 예측 가능한 것을 서술하기 때문에 지리학이 들려주는 공간에 대한 이야기는 흥미롭지 못하다.

다름의 지리학은 이러한 시선의 단순함에서 비롯되는 문제를 해결하려 한다. 일상 공간에 퇴적되어 있는 사람들의 이야기를 풀어갈 수 있는 하나의 방법이 "두꺼운 기술thick description"[11]이다. 이 방법으로 서울이라는 공간을 설명해보자. 서울이라는 공간은 조선 시대에 수도로 정해져 600년이 넘도록 수도로 존재해왔으니 그 공간에 형성돼 있는 의미 지층의 두께는 상당하리라고 짐작할 수 있다. 서울에는 오랜 세월의 풍파를 견딘 여러 개의 지층이 형성돼 있을 것이고, 그 개개의 지층을 읽어냄으로써 우리는 서울이라는 공간의 특성을 설명할 수 있을 것이다.

서울의 의미 지층 가운데 서울을 이해할 수 있는 의미가 두껍게 쌓여 있는 지층에는 조선 시대, 일제 강점기, 그리고 근대화 이후의 지층이 해당된다.[12] 이는 경관상 커다란 변화를 가져온 시기를 중심으로 구분한 것이지만, 이것만으로 서울이라는 공간의 의미를 다 알았다고 이야기할 수는 없다.

서울이라는 공간에 퇴적되어 있는 각각의 지층은 넓고, 그 넓은 지층에 살았던 사람들 또한 많다. 그 많은 사람들이 구축한 의미 세계는 서울이라는 공간을 모자이크처럼 채운다. 하나의 지층에 하나의 색깔만 존재하지는 않는다. 서울을 두껍게 기술한다는 것은 600년 이상 존재하고 있는 도시 공간으로서의 서울의 특징과 시간에 따른 각각의 특징을 찾아내는 것이다. 서울이라는 공간이 갖고 있는 '서울성'이 무엇인지를 찾기 위해 세월의 흐름 속에 서울이라는 공간에 퇴적되어 있는 사람들의 삶의 흔적을 찾는 것이다. 신촌에 거주하는 사람들의 삶과 영등포에 거주하는 사람들의 삶이 같을 수없다. 그들은 각각 서로 다른 삶의 공간을 소비하면서 서로 다른 삶의 모습을 생성하고 있고, 그에 따라 변화하는 모습을 보인다. 서울이라는 공간을 두껍게 기술한다는 것은 서울이라는 공간에 살고 있는 사람들의 같은 삶의 모습에 주목하는 것이 아니다. 서로 다르게 살고 있는 사람들의 삶을 천착하는 것이다.

그렇기 때문에 다름의 지리학에서의 다름은 시선의 다름에서 비롯되는 '삶의 다름'이기도 하다. 제1장에서 이야기했듯이, 인간이 갖고 있는 의식이 공간이나 장소를 통해 재현되기 때문에, 인간들이 만들어내는 공간이나 장소는 서로 다른 인간을 반영한다. 인간들이 만들어내는 공간이나 장소는 서로 다른 두꺼운 의미 세계이다. 공간이나 장소가 시간을 퇴적하고 있고 역사를 담고 있기에, 기능적인 차이나 과학적인 차이만으로 다름의 지리학을 행하는 데는 한계가 있다. 그것만으로는 공간이나 장소에 퇴적되어 있는 시간을 담아낼 수 없고, 통념적인 의미를 읽어낼 수 있을 뿐이다. 단순한 시선으로 바라본 일상 공간은 단순하다. 하지만 자신이 일상적으로 생활하는 공간이 단순하다고 여기는 사람은 없다. 우리는 일상적으로 이용하는 공간에 어떤 식으로든 의미를 부여하며 산다. 우리 삶이 영위되는 일상 공간은 곧 우리 삶의 모습을 반영하고 있으며, 우리 자신을 보여준다. 일상 공간의 단순함은 시선의 단순함에서 비롯된 문제이다. 다름의 지리학은 이런 단순한 시선에서 벗어나려는 시도이다.

1. 환경 문제—'단수'가 아니라 '복수'다

"가장 심각한 환경 문제가 무엇이라고 생각하세요?"라는 질문을 받으면 어떻게 대답하겠는가. 대부분의 사람들은 지구 온난화, 산성비, 오존층 파괴 등을 말할 것이다. 물론 이것들이 우리 삶을 위협하는 심각한 환경 문제임에는 틀림없다. 그렇다면 질문을 다시 던져보자. "우리 삶을 위협하는 환경 문제가 이런 것들밖에 없나요?" 아니면, 다른 질문을 던져보자. "이런 오염이나 공해와 관련된 문제들이 환경 문제의 전부일까요?" 대부분의 사람들이 오염과 공해 문제가 곧 환경 문제라고 인식하고 있기 때문에 그렇다고 대답할 것이다. 환경 문제가 단수가 아니라 복수라는 주장은 우리가 의심하지 않았던 이런 명제들에 대한 성찰에서부터 출발한다. 뒤에 설명하겠지만, 환경 문제가 복수인 것은 단지 환경 오염의 종류가 많아서가 아니라, 사람이나 지역마다 환경 문제가 다르기 때문이다. 또한 단지 그 종류가 다르기 때문이 아니라, 삶의 문제와 관련해서 나타날 수 있는 환경 문제가 사람마다, 지역마다 다르기 때문이다.

우리가 환경 문제라고 알고 있는 것을 도식적으로 제시하면 대략 다음과 같다. 태초에 인간이 간섭하지 않은 깨끗한 환경(자연환경)이 있었고, 인간이 이 깨끗한 환경(자연환경)을 과도하게 이용하면서 이것이 오염되었다. 보통은 오염된 환경(자연환경)을 원래의 깨끗한 환경(자연환경)으로 되돌려놓으면 환경 문제는 해결된다. 인간은 이러한 환경 문제가 해결되면 오늘날과 같은 삶의 질을 유지하거나 더 쾌적한 환경에서 살 수 있을 거라 기대한다.

틀린 생각은 아니다. 다만 이것만을 환경 문제로 생각하는 것이 문제다. 환경 문제는 오염이나 공해의 문제로만 환원될 수 있는 것이 아님에도 불구하고, 대부분의 사람들은 환경 문제를 앞의 도식처럼 단순하게 인식하고 있다. 그리고 그것에 대해 의심하지 않는다. 우리가 인식하고 있는 환경 문제가 누구의 환경 문제인지, 그리고 누가 그것을 환경 문제라고 지칭하고 있는지도 묻지 않는다. 대중 매체나 학교에서 환경 문제로 지칭하는 것을 의심 없이 환경 문제로 받아들이고, 그것을 해결해야만 우리 삶의 질을 높일 수 있다고 생각한다. 그러나 환경 문제는 이것만이 아니다. 삶의 질을 높이기 위해 환경 문제를 해결해야 한다고 할 때, 우리 삶의 질을 높여주는 환경 요소는 깨끗하고 맑은 공기에 한정되는 것이 아니기 때문에 이러한 다양성을 고려하면서 환경 문제를 새롭게 인식해야 한다.

우리가 알고 있던 환경 문제를 새롭게 인식하기 위해 환경이라는 개념부터 살펴보자.[13] 환경을 의미하는 단어 'milieu'는 'mi(middle)'와 'lieu(place)'가 결합된 것으로, '가운데 장소'라는 뜻의 라틴어 'medius locus'에서 유래했다. 17세기 프랑스의 철학자 파스칼Blaise Pascal이 이 milieu라는 단어를 처음 사용했다. 그는 이 단어를 물리학 용어로 사용했는데, 물체를 구성하고 있는 입자와 입자 사이의 공기가 흐르고 있는 중심 공간(장소)을 milieu, 즉 '환경'이라고 지칭했다. 파스칼이 사용한 환경이라는 용어에서 오늘날 사용하고 있는 환경이라는 용어의 의미를 가늠하기는 쉽지 않다. 특히 파스칼이 규정하고 있는 환경은 입자와 입자 사이의 공기가 흐르는 좁은 공간을 말하는데, 이 경우 환경은 입자의 특성에 영향을 주지 못하는, 오직 위치만을 의미하는 기계적인 용어에 불과

하다.

하지만 18세기에 들어오면서 milieu라는 개념에 변화가 일어난다. 18세기 프랑스의 진화론자 라마르크Jean-Baptiste Lamarck는 파스칼과는 정반대 방향에서 환경이라는 용어에 접근한다. 파스칼이 입자와 입자를 기준으로 그 사이에 위치한 중심 공간을 환경이라고 지칭했다면, 라마르크는 공기가 흘러가는 공간과 공간의 사이에 놓여 있는 입자를 환경이라고 지칭했다. 파스칼의 개념을 뒤집은 라마르크는 이 개념을 생물체에 대입했다. 곧 생물체가 여러 요소에 둘러싸여 그 가운데에 위치하고 있다고 생각한 것이다. 이럴 경우 생물체를 둘러싸고 있는 요소들은 생물체의 생존에 절대적으로 영향을 주게 된다. 가령 토양이 비옥하고 햇볕을 잘 받을 수 있고 수분 공급이 좋은 환경에 둘러싸여 있다면 나무는 잘 자랄 것이다. 이에 반해 그렇지 못한 환경에 놓인 나무는 성장에 지장을 받는다. 라마르크는 한 그루의 나무를 둘러싸고 있는 이 같은 요소들을 환경 요소로 규정한다. 그리고 이 같은 환경 요소가 생물체의 생존에 직접적으로 영향을 준다고 보았다.

파스칼의 환경이 기계적이고 위치만을 지칭하는 개념이라면, 라마르크의 환경은 생물체의 생존에 영향을 주는, 생물체와 유기적인 관련을 맺고 있는 요소를 지칭하는 개념이다. 라마르크의 환경 개념이 바로 오늘날 우리가 사용하는 환경 개념이다. 이 환경 개념은 우리가 라마르크 하면 떠올리는 용불용설用不用說[14]의 근거가 된다. 생물체는 어떤 환경에 놓이는가에 따라 어떤 기관은 발달시키고 어떤 기관은 퇴화시킨다는 그의 학설은 이 깊은 환경 개념에 대한 재해석에서 도출된 것이다. 그 후 환경이라는 용어는 자연 과학을 넘어 역사학(헤르더 J. G. von Herder[15]의 경우)이나 사회학(스펜서 Herbert Spencer[16]의 경우) 등 다양한 학문 영역에서 사용되었다. 가령 헤르더는 나라마다 환경 요소가 다르기 때문에 서로 다른 역사를 갖게 되었다고 본다. 인간 정신 구조의 산물로서의 역사에 지대하게 영향을 미치는 것이 바로 환경이라는 것이다.

환경을 지칭하는 영어 단어 'environment'의 어간 'viron'은 '둘러싸다', '에워싸다'라는 뜻을 갖고 있다. 생물체를 둘러싸거나 에워싼다는 것은 생물체의 생존에 영향을 주는 유기적인 에워쌈을 의미한다. 여기서 생물체를 둘러싸고 있는 생존에 필요한 요소를 단지 자연환경으로 환원해 이해할 수 있을까? 생물체 대신 사람을 대입해보자. 사람이 사는 데 필요한 요소는 단지 깨끗한 물과 맑은 공기만이 아닐 것이다. 사람은 밥만 먹고 살 수는 없다. 친구도 있어야 하고 문화생활도 해야 한다. 그렇기 때문에 환경 개념은 자연환경으로 환원될 수 없고 포괄적이라는 특성을 갖는다. 그런 환경을 구성하는 요소는 내가 어디에 있는가에 따라 달라진다. 열대 지역에 살고 있는 사람과 한대 지역에 살고 있는 사람의 환경 요소가 같을 수 없기 때문이다. 또한 압구정동에 살고 있는 사람과 달동네에 살고 있는 사람의 환경 요소가 같을 수 없다. 따라서 환경 개념이 갖고 있는 또 하나의 특성으로 상대적이라는 것을 들 수 있다.

환경 개념의 이러한 두 가지 특성, 즉 상대적이고 포괄적이라는 특성에 근거해 볼 때 인간을 둘러싸고 있는 것은 단지 자연환경뿐이 아니다. 경제적, 사회적, 문화적, 역사적, 정치적 환경도 있다. 그럼에도 우리는 환경을 자연환경으로 환원해서 생각해왔다. 인간이 어떤 공간이나 장소에 놓이는가에 따라 그를 둘러싼 환경은 달라진다. 자연환경만이 아니라 삶의 환경 자체가 달라진다. 만나는 사람도 달라지고 거주하는 곳도 달라지고 생활하는 방식도 달라진다. 그런 모든 것들이 삶의 질을 좌우한다. 그런 점에서 자연환경만이 아니라 다른 환경 요소까지 포괄해서 환경 문제를 고민해야 한다. 또한 환경이 상대적인 성격을 갖는 것이라고 본다면, 환경 문제도 사람마다 지역마다 달라져야 한다.

하지만 앞에서 살펴보았듯이 우리는 오염이나 공해와 관련된 것만을 환경 문제로 인식하며 산다. 그렇다면 우리가 환경 문제라고 생각하고 있는 그것은 '누구'의 환경 문제인지 생각해봐야 한다. 누가 그것만을 환경 문제라고 지칭하고 있는지 물어야 한다. 사람과 지역에 따라 각기 다른 환경 문제가 존재함에도 불구하고 우리는 왜 하나의 환경 문제만을 인식하고 있는가. 우리가 알고 있는 환경 문제는 계급의 문제를 반영하고 있다. 깨끗한 공기와 맑은 물을 마시며 사는 것이 삶의 질을 높이는 것이라고 생각하는 사람들이 누구인지를 생각해보면 금방 알 수 있는 문제다.

열악한 삶의 조건을 갖고 있는 노동자에게, 홈리스에게, 공동 화장실 앞에서 줄을 서 기다리는 달동네 사람에게 맑은 공기를 마시며 새소리에 눈을 뜨는 것이 환경 문제의 해결책이라고 이야기할 수 있겠는가. 그들에게는 선풍기 아닌 에어컨이, 집진기가 먼지를 빨아들여 마스크를 쓰지 않고도 일할 수 있는 작업 환경이, 자신이 떳떳하게 살아갈 수 있는 자립 능력이, 화장실이 설치된 집이 환경 문제의 해결책일 것이다. 하지만 우리는 이런 것을 환경 문제로 인식하지 않는다. 우리 삶을 에워싸고 있는 모든 것을 환경이라고 지칭하면서도 우리는 언젠가부터 자연환경만을 환경으로 치부하는 고정 관념을 갖게 되었다. 더욱이 이제는 자연환경보다도 도시환경의 영향을 더 크게 받고 있음에도 불구하고, 자연환경만을 염두에 두면서 오염된 자연환경을 깨끗한 자연환경으로 되돌려놓는 것만을 환경 문제의 해결책으로 여기고 있다.

환경 문제는 사람마다 지역마다 다르다. 삶의 질을 높이기 위해 환경 문제를 해결해야 한다면, 사람마다 지역마다 환경 문제가 다르므로 그것의 해결책 역시 달라야 한다. 그럼에도 우리는 모든 지역과 모든 사람에게 적용되는 하나의 환경 문제만을 인식하고 있었다. 환경 문제는 '복수'임에도 불구하고 '단수'로 인식하고 있었다. 누구의 환경 문제인지도 모르면서 그것을 나의 환경 문제로, 우리의 환경 문제로 인식하고 있었다.

질문해보자. 우리가 지금까지 환경 문제로 인식해온 하나의 환경 문제는 '누구'의 환경 문제였는가. 하루하루를 살아가는 사람의 환경 문제였을까, 아니면 하루하루를 견디어가는 사람의 환경 문제였을까. 답은 전자이다. 우리는 하루하루를 살아가는 가진 자의 환경 문제를 모두의 환경 문제로 공유하고 있었던 것이다. 깨끗한 작업 환경, 자립할 만큼의 돈을 벌 수 있는 직장, 깨끗한 수세식 화장실은 가진 자를 위한 환경 문제의 해결책이 아니다. 가진 자들에게 환경 문제의 해결은 깨끗하고 맑은 자연에서 편안하고 안락한 일상을 영위하는 것이다. 가지지 못한 자에게도 도시의 대기 오염이나 수질 오염 문제는 중요하다. 하지만 그것은 그들의 삶의 질을 개선하는 데 있어 가장 절실한 환경 문제는 아니다. 죽지 못해 하루하루를 견디어가는 사람과 여유롭게 하루하루를 향유하는 사람에게 삶의 질을 높이는 방식은 같을 수 없다.

하지만 대부분의 사람들은 가진 자의 환경 문제를 우리 모두의 환경 문제로 공유한다. 여기에는 언론과 학교 교육의 영향이 크다. 우리는 환경 오염 문제가 곧 환경 문제라고 들어왔고, 배워왔다. 환경 문제는 곧 자연환경의 문제이고, 자연환경 문제를 개선하면 우리 삶의 질이 높아진다는 홍보와 가르침을 의심 없이 받아들였다. 앞에서 말했듯이, 가지지 못한 자와 하루하루를 견뎌내야 하는 사람에게, 자연환경을 보전해야 하고 그것을 위해 우리 모두 노력해야 한다는 홍보 문구는 사치스러운 이야기다. 하지만 가진 자에게 자연환경 문제의 해결은 삶의 질의 개선을 의미한다. 그들에게는 깨끗한 공기와 맑은 물을 마시면서 사는 것이 중요하기 때문이다.

영국의 진보적 지리학자 하비David Harvey는 오늘날의 환경 문제는 가진 자들 간의 갈등에서 비롯된 것이라고 본다. 1945년 이후 미국적 상황에서 이미 자연을 담보로 상당한 이윤을 축적한 한 부류의 가진 자와 자연을 담보로 새로운 이윤을 창출하고자 하는 또 다른 부류의 가진 자 사이의 갈등에서 환경 문제가 발생했다는 것이다.[17] 환경 문제가 포괄적이며 상대적임에도 불구하고 가진 자들 간의 갈등 상황에서 나온 '자연환경 문제가 곧 환경 문제'라는 생각이 일반화되면서, 우리는 지금까지도 자신의 환경 문제가 무엇인지를 제대로 인식하지 못하고 있다. 언론 매체나 학교 교육을 통해 가진 자의 시각이 반영된 환경 문제에 대한 통념이 전파되면서, 가지지 못한 자도 가진 자의 환경 문제를 자신의 환경 문제로 받아들였다. 일상생활에서 경험하는 환경 문제와는 거리가 있음에도 불구하고, 가지지 못한 자들은 자신의 환경 문제를 인식할 수 있는 기회를 갖지 못했다.

시골 학교에 다니는 초등학생에게 가장 심각한 환경 문제가 무엇이냐고 묻는다면, 대기 오염이라고 대답할지 모른다. 지역마다 환경 문제가 다름에도 불구하고, 학교에서 배운 환경 문제와 언론을 통해 접한 환경 문제가 우리 지역의 환경 문제가 된다. 나의 환경에 대한 관심보다는 언론이 전해주는 환경, 학교에서 가르쳐주는 환경에 더 관심을 기울인다. 우리는 우리에게 주어진 것 외의 다른 것을 찾고 받아들이는 데 익숙하지 않다. 실제로 언론이나 학교 교육을 통해 나를 둘러싼 환경에 대해 고민하는 법을 배우지 못했고, 그렇기 때문에 내가 살고 있는 지역의 환경에 대해 생각하지 못한다.

인간을 중심으로 환경 문제를 인식한다면 마땅히 환경 문제는 복수여야 한다. 환경 문제가 복수인 것은 환경 오염 현상이 대기 오염, 수질 오염, 토양 오염 등으로 분류되기 때문이 아니다. 우리 사회를 구성하고 있는 인간의 삶이 다양하기 때문이다. 사람마다 지역마다 환경 문제가 다르기 때문에 환경 문제는 단수일 수 없는 것이다. 앞에서 말했듯이 환경은 상대적이고 포괄적인 특성을 갖고 있기 때문에 환경 문제에 접근할 때도 상대적이고 포괄적인 관점을 취해야 한다. 사람을 중심에 두고 그들의 삶의 환경을 고려하면서 환경 문제를 새롭게 인식하는 발상의 전환이 필요한 것이다.

인간과 환경의 관계는 지리학이 오랫동안 고민해온 문제이다. 환경론이 그런 오랜 전통에도 불구하고 다른 학문과 구별되는 시각을 제시하지 못한 것은 인간이 소거된 환경 인식과 환경을 자연환경으로 환원해서 생각하는 태도 때문이었다. 지리학이 인간 중심적인 환경 문제에 관심을 갖는다면 자연 과학과는 사뭇 다른 차원에서 우리 삶의 질을 개선할 수 있는 보다 실질적인 논의를 이끌어낼 수 있다. 환경 문제를 복수로 인식하는 것이 그 출발점이다. 인간이 살고 있는 삶의 환경을 자연환경으로 환원하지 않고, 인간마다 삶의 환경이 다르다는 사실을 인식함으로써 자연 과학과 구별되는 지리학만의 환경론 전통을 만들 수 있다. 그렇게 하기 위해서라도 가진 자의 입장에서 규정하는 하나의 환경 문제에 동의하지 않고 인간마다 지역마다 다른 여러 개의 환경 문제 '들'을 인식하는 것이 중요하다. 단수로서의 환경 문제가 아니라 복수로서의 환경 문제'들'을 인식할 수 있는 새로운 시선을 갖는 것은 나의 환경 문제를, 우리의 환경 문제를 인식하는 가장 적극적인 실천이 될 수 있을 것이다.

2. 지역감정의 기원에 대한 새로운 인식─풍수는 권력의 도구였다

우리는 풍수를 조상의 묏자리나 집터를 잡는 데 이용되는 지식 정도로 알고 있다. 실제로 일상에서 풍수는 그렇게 활용된다. 사람들은 좋은 묏자리에 조상을 모심으로써 후손이 복을 받고 행복하게 살 수 있을 것이라 믿는다. 풍수는 그런 믿음을 기반으로 한다. 물론 요즘 사람들은 풍수에 대해 반신반의할지도 모른다. 길거리에서 누군가 다가와 "도를 아시나요?"라고 물으면 대부분의 사람들은 아직도 그런 것을 믿는 사람이 있나 의아해하며 외면해버린다. 풍수의 영향력도 시대가 변하면서 많이 줄어들었다. 오늘날 길거리에서 누군가 "풍수를 믿으세요?"라고 물으면 사람들은 "도를 아시나요?"라는 질문을 받았을 때와 마찬가지로 외면할 것이다. 이는 그만큼 사람들의 삶이 자연으로부터 멀어지고 있음을 보여주는 단면일지도 모른다.

풍수가 일반화되어 묏자리나 집터를 잡는 데 이용된 것은 조선 후기에 와서다. 풍수가 우리나라에 처음 들어온 것은 10세기경인 신라 말에서 고려 초였지만, 일반 백성 사이에서 풍수와 관련해 묏자리를 두고 송사가 많아지기 시작한 것은 대략 700년 뒤인 17세기 후반이다. 그 전까지 풍수는 양반 계층이나 학식이 높은 학자, 승려 정도만이 알고 있던 지식이었다. 그렇다면 그땐 풍수가 어떻게 이용되었을까.

풍수가 일반화되기 전에 풍수를 가장 효과적으로 이용한 사람은 왕건이다. 그는 고려를 개국하면서 왕권 강화를 위해 많은 호족들과 혼인 관계를 맺었다. 하지만 그가 죽을 때까지 왕권이 강화되지 못했고, 그는 호족들의 영향력이 커 마음을 놓지 못한 상태에서 죽음을 맞이한다. 죽을 무렵 그는 후손들에게 〈훈요십조訓要十條〉를 제시한다. 불안한 왕조를 지키기 위해 그가 제시한 마지막 카드였다. 여기에는 고려를 개국하는 과정에서 끝까지 저항했던 후백제 사람들을 견제하기 위한 그의 생각도 담겨 있는데 그것이 제8훈이다. 그는 제8훈에서 다음과 같이 밝혔다.[18]

고려의 태조가 남긴 말씀에 "차령 이남 공주강 밖의 산형과 수세는 모두 배역背逆으로 달린다"고 하였다. 공주강은 곧 금강이다. (물이) 호남의 덕유산에서 나와 거꾸로 흘러 공주의 북쪽을 휘감고 나아가 금강에 들어간다. 신도 계룡산도 역시 덕유산의 일맥으로 임실의 마이산을 거쳐 내룡來龍이 머리를 돌려 조산을 바라보는 (형국이라) 공자公字의 모양을 이루고 있다고 한다. 그래서 풍수지리가는 금강을 반궁수反弓水라고 일컫는다.[19]

금강이 반궁수의 형세를 가졌고, 덕유산에서 발원한 금강이 거꾸로 공주 북쪽을 휘돌아 강경 쪽으로 빠져나가며, 이런 형세를 가진 지역에 거주하는 사람은 역모를 꾀할 가능성이 있으므로 관리로 등용하지 말아야 한다는 내용이다. 왕건은 자신이 고려를 세울 때 끝까지 저항했던 후백제에 대해 늘 마음이 편치 않았다. 하지만 이 문제를 해결함에 있어서 직접적인 억압이나 폭력보다는 새로운 방법을 이용했다. 폭력으로 억압하고 탄압하는 것은 새로 탄생한 고려의 평안을 깨기 때문이다. 그 대신에 겉으로 드러내지 않으면서도 후백제인들을 통치할 수 있는 새로운 지식 체계를 만들어냈는데, 그것이 바로 풍수였다.

풍수라는 지식으로 보면, 반궁수의 형세에 살고 있는 사람들은 역모를 꾀하기 쉬우며 금강이 반궁수의 형세를 띠고 있기 때문에 차령산맥 이남 사람들을 등용하지 말아야 한다. 하지만 대동강이나 낙동강 역시 어떤 각도에서 보면 반궁수의 형세를 띠고 있음에도 불구하고 금강만을 반궁수 형세의 강으로 규정한 것에 대해서 의문이 든다. 정말로 반궁수 형세를 보이는 지역에 살고 있는 사람들은 역모를 꾀할 가능성이 높은지도 실제로 증명할 수 없는 문제다. 이는 오로지 풍수라는 지식을 알고 있는 사람들만이 주장하는 것이었고, 풍수를 모르는 사람들은 이 새로운 지식의 권위에 굴복할 수밖에 없었다.

풍수라는 지식을 근거로 후백제 사람을 배제하고 차별하

는 논리는 천 년이 넘는 세월을 지나 아직도 유포되고 있는 듯하다. 지역감정을 이야기할 때, 사람들은 흔히 그 기원으로 〈훈요십조〉의 반궁수 풍수를 거론한다. 후백제 사람을 견제하고 차별하기 위한 왕건의 견강부회에 동원되었던 풍수 논리가 지역 차별을 합리화하는 논리로 둔갑하여 세간에 유포되고 있는 것이다. 당시에 정치적인 목적에서 폭력적인 수단을 동원하지 않고 후백제 사람을 견제하는 방법으로는 풍수만 한 것이 없었을 것이다. 인간과 자연환경의 관계가 지금보다 긴밀한 시절이었고, 자연환경을 통해 인간의 삶을 통제하는 논리가 쉽게 통용되던 시대였다. 또한 풍수는 소수의 권력이 독점한 선진 지식으로서 누구나 아는 척할 수 없는 것이었기에 더 큰 권위를 갖고 있었다.

적어도 고려 초에 풍수는 오늘날의 나노 이론처럼 식자층에게만 전달되는 지식이었다. 누구나 알 수 있는 일반적인 지식이 아니라, 중국에 유학을 다녀온 승려나 그런 승려들과 친분이 있는 왕족들, 그리고 주역에 능통한 당대의 학자들 정도만이 알 수 있는 새로운 지식이었다. 그렇기 때문에 풍수를 이용한 후백제 사람들에 대한 견제는 누구도 눈치챌 수 없는 새로운 전략이었다. 고려 왕조가 이루어놓은 평화로운 분위기를 깨지 않으면서도 늘 신경 쓰이는 후백제 사람들을 견제할 수 있는 새로운 논리 체계를 풍수라는 지식이 제공해주었던 것이다.

푸코가 이야기하듯이 권력의 작동 방식은 시대마다 다르다. 권력은 자신의 힘을 보여주기 위해 사람들 앞에서 사람의 신체에 직접 고통을 가하는 억압 기제로 작동하기도 하지만, 새로운 지식이나 제도를 만들어 그것으로 사람들을 통제하는 생산 기제로도 작동한다. 푸코의 관점에서 본다면 풍수는 후자의 경우에 가깝다. 왕건은 풍수라는 새로운 지식 체계를 이용해서, 후백제 사람들의 신체를 억압하거나 강제하지 않고도 그들을 배제할 수 있었다. 이런 맥락에서, 풍수라는 새로운 지식 체계의 등장은 고려라는 국가가 안정적으로 왕권을 강화하는 데도 기여했을 것이다. 결국 풍수는 대중화되기 이전에는 권력을 대변하는 지식 체계로서의 역할을 담당했을 것이다.

풍수라는 지식 체계를 이용한 배제와 차별의 사례는 지관 등이 활약하고 풍수가 명당을 알려주는 지식으로 대중화되었던 조선 후기에도 등장한다. 18세기에 이익은《성호사설星湖僿說》에서 땅의 형세를 가지고 경상도와 전라도의 차이에 대해 언급한다. 그는 경상도는 인재가 많이 나는 재덕을 겸비한 공간이지만, 전라도는 인재가 날 수 없는 공간이라는 생각을 피력한다. 근거는 이렇다. 경상도의 모든 강줄기는 낙동강으로 모여들어 하나의 물줄기를 형성하면서 남해로 들어간다. 반면에 전라도의 물줄기는 사방에서 발원하여 남해와 서해로 나뉘어 들어간다. 이렇게 산발사하散髮四下의 형세를 띤 전라

도에서는 인재가 날 수 없다는 것이다. 여기서 풍수가 공간의
차이, 자연환경의 차이로 인간의 삶을 구별하려는 참으로 무
서운 지식 체계임을 알 수 있다. 유학 전통이 확고한 지배의
공간으로서의 경상도와 유배의 공간으로서의 전라도를 구별
하고 이를 차별의 논리로 이용하려는 의도가 엿보인다. 경상
도가 누림의 공간이자 지배의 공간이고 전라도가 소외의 공
간이자 피지배의 공간임을 천명함으로써 경상도 사람들과 전
라도 사람들의 차별을 정당화하는 것이다.

헤르더의 사례를 살펴보자. 헤르더는 이익과 같은 시기에
프랑스와 독일의 풍토를 비교했다. 풍수의 관점으로 본다면
프랑스는 '전라도'의 형세를 띠고 있으며 독일은 '경상도'의
형세를 띠고 있다. 하지만 헤르더의 해석은 이익의 해석과
다르다. 그는 오히려 프랑스 사람은 사교적이고 논리적으로
는 중용을 취하지만, 독일 사람은 고집이 세고 논리적으로는
극단을 취한다고 했다. 그렇다면 헤르더는 어느 국가에 더
우호적인가?

이익과 헤르더의 해석 가운데 누구의 해석이 더 설득력이
있을까. 누구의 해석이 맞는지 그른지를 판단하기는 쉽지 않
다. 실제로 풍수가 인간의 기질에 영향을 미치는지 아닌지도
확인할 수 없으며, 설사 프랑스 사람들이 대체로 사교적이고
독일 사람들이 대체로 고지식한 것이 사실이라고 하더라도
그것이 꼭 풍수의 영향이라고 말할 수는 없다. 그렇기 때문

에 우리가 여기서 문제 삼고자 하는 것은 풍수를 통해 공간을 바라보는 관점이다. 풍수라는 지식을 당연하게 생각하고 그것을 토대로 공간을 해석하고 이해할 것이 아니라, 왜 그와 같이 해석하는지를 물어야 한다. 그리고 누가 풍수를 그렇게 해석해야 한다고 말하는지도 따져보아야 한다.

풍수라는 지식은 누가 어떤 관점에서 이용하는가에 따라 쓰임새와 해석이 달라진다. 원래 풍수는 논리 체계가 정연하다기보다는 각자의 입장에 따라 의미가 (재)구성되는 것이다. 권력은 권력 유지를 위해 풍수라는 지식을 이용했다. 자신의 생각을, 자신의 논리를 풍수를 통해 구성했다. 누구도 그것에 대해 의심하지 않았다. 누구나 쉽게 접근할 수 없는 것이었기 때문에 그것의 옳고 그름을 파악할 수 없었다. 터 잡기 기술로 대중화되기 이전에 풍수의 모습은 대체로 이러했다.

풍수는 우리의 전통 지리 사상을 대표한다. 풍수를 제대로 인식한다는 것은 우리의 전통 지리 사상을 제대로 인식할 수 있다는 것을 의미한다. 하지만 우리가 지금까지 알아온 풍수는 매우 제한적이었다. 우리가 풍수에 대해 알고 있는 지식은 사실 지리와 별 상관이 없는, 지관의 입을 통해 전해진 것들이었다. 땅을 바라보는 지관의 시선이 '지리地理'를 벗어나 있는 것은 아니다. 다만 우리가 이야기하고 있는 지리학의 관점에서 벗어나 있을 뿐이다. 지관의 시선으로 보면 분명 풍수는 명당을 잡기 위한 도구적 지식이지만 풍수가 그런 역할만을 했던 것은 아니다. 풍수를 어떤 관점에서 어떻게 해석하는가에 따라 지역감정의 문제도 새롭게 인식할 수 있다.

풍수라는 지식을 접하는 사람들이 제한되었던 시절의 풍수는 우리가 알고 있는 것과는 다른 기능을 했다. 단순하게 집터를 잡거나 절집의 위치를 정하는 데 이용되는 것을 넘어 정치적인 전략적 지식으로 활용되었다. 즉 풍수는 권력을 소유한 사람이 만들어낸 새로운 형태의 지식이었다. 권력을 가진 사람은 풍수를 정적政敵을 견제하고 배제하는 논리적 근거로 이용했다. 그러므로 고려 초 왕건의 풍수 논리에 기대 오늘날의 지역감정을 합리화하는 것은 결코 옳지 않다. 고려 초의 지역 차별 논리는 고려 왕조를 유지하기 위해 왕건이 풍수를 빙자해 개발해낸 논리에 불과했기 때문이다. 권력층이 풍수 지식을 독점함으로써 그것을 갖지 못한 백성들을 호도했으며, 이렇게 권력의 도구가 된 풍수 지식을 근거로 고려가 후백제 사람들을 배제하고 왕조를 굳건히 하는 데 성공했다는 것, 그것만이 진실인 것이다.

3. 곡선 — 주름지고 접힌 삶의 공간

모더니즘과 포스트모더니즘을 구분할 때 직선이냐 곡선이냐하는 문제도 하나의 기준이 된다. 직선이 객관적이며 이성적인 모더니즘 시대의 인식을 반영한다면, 곡선은 포스트모더니즘 시대의 인식을 반영한다. 더 나아가 포스트모더니즘 시대에는 프랙털,[20] 카오스[21] 등의 이론을 통해, 지금까지 배제되었던 주름지고 접혀 있는 선이나 무질서한 것에서 규칙과 원리를 찾아 의미를 부여하려 한다. 카오스모스[22]의 세계를 탐색하여 혼돈 속에서 질서를 찾고 구부러진 선에서 법칙을 찾으려 한다.

학교에서 배우는 공간은 늘 규칙적이고 과학적으로 설명되는 직선이다. 그러나 정작 삶이 이루어지는 공간은 그렇게 규칙적이고 과학적이지 않다. 일상 공간은 굽어 있는 것이 대부분이다. 우리가 살아가는 일상 공간은 주름지고 접혀 있는 곡선이다. 그런 일상 공간에 관심을 갖기 위해서는 유클리드 기하학[23]이 아니라 프랙털적이고 비유클리드적인 공간 인식이 요구된다. 유클리드 기하학이 잘 설계된 도시 공간이나 고속 도로를 다룬다면, 비유클리드 기하학은 개발되기 이전의 야산이나 구불구불한 시골길, 골목길에 주목한다.

유클리드 기하학은 있는 그대로의 현실을 인식하기보다는 유클리드에 의해 인식된 현실을 토대로 세상을 읽어낸다.

세상은 진짜이지만, 진짜 세상이 아닌 유클리드에 의해 재현된 세상을 보여준다. 벨기에의 초현실주의 화가 마그리트René Magritte는 〈인간의 조건〉이라는 그림에서 캔버스 위의 바다와 캔버스 밖의 바다를 연속해서 그리고 있다. 캔버스 안의 바다와 캔버스 밖의 바다는 같은 모습이다. 하지만 캔버스 위의 바다에서는 바다 냄새를 맡을 수 없다. 바람에 의한 파도의 움직임도 없다. 캔버스 위에는 화가가 바다를 바라보았던 그 순간의 정지된 바다, 즉 화가에 의해 인식된 바다만이 표현되어 있다. 그런데 사람들은 마그리트의 그림을 보면서 캔버스 위의 바다가 캔버스 밖의 바다와 다르다고 생각하지 않는다. 바다 냄새를 맡을 수도 없고, 바닷물에 손을 담글 수도 없지만, 캔버스 위의 바다를 똑같은 바다로 인식한다. 현실 공간과 재현된 공간의 경계가 없으니 오히려 초현실주의 화가의 작품답다고 생각한다.

우리 삶을 재현해놓은 유클리드적인 반듯한 공간은 사람 사는 냄새와 따뜻한 온기를 제거한 공간이다. 사람이 살지만, 사람이 없는 공간 말이다. 구불구불한 길은 불편하고 힘들지만 살아 있음을 느끼게 해준다. 반듯한 공간은 어쩐지 걷는 것이 불편하다. 사람들은 차로 이동하는데 나만 걷는다는 생각이 들고, 그래서 걸어서 이동하는 것이 낯설고 어색하기만 하다. 걷는 것은 인간의 기본적인 활동이지만, 일상에서 자동차가 걷는 것을 대신하게 되면서 요즘 사람들은 운동을 위해 걷는다. 걸어서 이동하는 것은 구시대적 생활 패턴이 되었고 이제 사람들은 의도적으로 걸을 뿐이다. 다이어트를 위해 걷고 건강을 위해 걷지만 정작 곧게 뻗어 있는 도시를 걷는 것은 힘겹고 어색하다. 다이어트를 위해 걷는 것도, 건강을 위해 걷는 것도 생활의 일부임에는 틀림없지만, 정해진 곳에서만 걸어야 하기 때문에 자연스러운 삶의 방식은 아니다. 그것이 반듯한 공간 때문이고, 사람 냄새를 제거한 기능 위주의 공간 구성 때문이라고 하면 지나친 비약일까? 걷는 것조차도 이제는 하천변의 조깅 코스나 헬스클럽의 러닝머신 위와 같이 반듯하게 직선으로 이루어진 제한된 공간에서만 계속된다. 우리 삶에서 자연스러운 곡선이 사라지면서 일상조차도 정해져 있는 공간에서만 이루어지고 있다.

학교에서 지리를 가르칠 때도 이미 정해져 있는 규칙의 선, 직선의 윤리를 가르치고 있다. 직선은 선이고 발전이고 과학인 데 비해, 곡선은 악이고 낙후이고 비과학적이라고 말이다. 직선의 윤리는 우리의 도시를 곧게 펴준다. 주름지고 접혀 있던 공간이 곧게 펴지는 것을 우리는 발전 혹은 개발이라고 표현한다. 이창동 감독의 첫 영화 〈초록물고기〉에 등장하는 막둥이의 고향 일산은 논과 야산으로 이루어진 시골이었다. 넓고 곧게 뻗어 있는 신작로를 차를 타고 이동하는 대신에, 좁고 휘어져 있는 골목길을 걸어서 다니는 공간이었다. 서울이 확대되면서 일산은 예전의 모습을 잃게 되고, 군대에서 제대한 막둥이는 변한 일산의 모습에 적응하기 어려워하는 듯이 보인다. 예전에 논이었던 곳이 이제는 거대한 아파트 단지로 변했고, 논둑길이었던 곳이 넓은 8차선 도로가 되었다. 그런 일산의 변화를 우리는 발전이라고 이야기하고, 개발이라고 말한다. 사람들이 걸어 다니던 좁고 휘어진 골목길을 대신해 넓고 곧게 뻗은 8차선 도로를 만드는 것이 개발이고 발전인 것이다. 그러는 과정에서 정작 일산에 거주하던 원주민들은 일산을 떠났다. 일산에 남아 있다고 하더라도 그들은 일산의 외곽에 머무르면서 일산으로 새로 이주한 사람들을 위한 파출부 일을 하며 살아간다. 자신들의 삶이 녹아들어 있는 주름지고 접힌 일산이라는 공간이 직선으로 대체되면서 정작 그들은 자신들의 정체성을 잃고 있는지도 모른다. 내가 누구인지 확인받을 수 있는 공간을 잃는다는 것이 무엇을 의미하는지 생각해본다면, 곡선으로 이루어진 공간을 직선으로 만들고 사람들이 걸어 다니던 공간을 자동차가 왕래하는 공간으로 변화시킨 곳에서 원주민의 삶이 어떤 모습일지 짐작해볼 수 있다. 〈초록물고기〉에서 끝내 자신의 상사였던 배태곤에게 죽임을 당하는 막둥이는 자신을 확인받을 수 있는 공간을 잃어버린 사람들의 모습을 대변하고 있다. 곡선의 공간이 직선의 공간으로 바뀌는 과정에서 자아 정체성을 상실한 사람들의 삶의 모습을 대변하고 있는 것이다.

박정희 정권 당시 '새마을 운동'이라는 미명하에 주름지고 접혀 있던 공간들이 펴지기 시작했다. 농로는 쭉 뻗은 신작로가 되었고, 마을로 들어가는 골목길은 차가 다닐 수 있는 아스팔트 길로 변했다. 주름지거나 접혀 있던 농촌에는 개발의 이름으로 신도시가 건설되었다. 신작로가 만들어지고 대도시 주변 농촌에 새로운 도시가 건설되면서 곡선은 배제되고 직선은 개발이나 발전의 상징이 되었다. 새마을 운동을 통해 농촌을 직선화하는 과정에서 우리의 전통 공간이 갖고 있었던 질서는 사라졌다. 하회마을을 한번 예로 들어보자. 하회마을에 들어서면 충효당과 양진당이 마을의 가장 안쪽에 자리 잡고 있고, 마을 초입에는 많은 초가집이 있다. 이처럼 전통적인 우리의 농촌에는 상당-중당-하당이라는 공간 질서가 있었다. 마을 입구의 하당에서부터 중당을 거쳐 종갓집이 있는 가장 깊숙한 상당에까지 이르던 마을의 공간적 위계질서는 직선으로 대체된 공간에서는 역전된다. 마을의 입구에 해당하는 하당으로 도로가 지나가면서 도로 접근성이 가장 좋은 중당이 마을의 중심이 된다. 종갓집이 자리 잡고 있었던 상당 지역은 개발 과정에서 도태된 공간으로 전락해 버린다. 전통 마을에 담겨 있던 위계질서가 해체된 것이다.

우리의 삶은 늘 직선으로만 이루어져 있지 않다. 우리 일상에는 아직도 접혀 있고 굽어 있는 공간이 많다. 일상 공간에 대한 관심은 바로 이런 공간에 대한 인식에서 시작되어야 한다. 일상 공간의 변화는 곧 공간 속에 살고 있는 사람들의 삶의 변화를 의미한다. 삶의 변화는 공간의 형태도 바꾸고 의미도 바꾼다. 우리가 만들어놓은 직선의 공간이 우리 삶의 모습을 대변하는 한, 삶은 무미건조할 수밖에 없다. 교통수단을 이용해 이동해야 하는 공간에서는 사람들 사이의 부대낌이 사라져, 사람 냄새도 맡을 수 없고 온기도 느낄 수 없다. 길이 막힌다고 짜증을 내고 교통 신호에 자주 걸린다고 투덜대며 살 수 있을지는 몰라도, 사람의 온기를 느끼며 살기는 어렵다. 이제 사람들이 서로 마주치고 부딪치며 걷는 공간에 관심을 기울이고 그 공간의 의미를 가르쳐야 한다. 우리가 살아가는 공간에서 사람의 온기를 느끼고 사람들과 소통하며 살고자 한다면, 직선을 선으로, 곡선을 악으로 보는 공간 인식을 버려야 한다.

사람이 다니는 길이 언제부턴가 자동차로 가득하다. 곡선이 직선으로 펴지는 순간부터 인간은 소외되기 시작한다. 인간이 걸어야 할 공간을 차에 내어주고, 인간은 걷기 위해 새로운 공간을 만든다. 그 공간마저 자전거로 대체되는 경우도 있다. 아쉽게도 지금껏 지리학은 주름진 공간을 펴는 데, 인간이 온기를 느끼며 서로 부대끼고 살아야 한다는 것을 망각하게 하는 데 기여하고 있었다. 길이 직선으로 펴지면서 인간은 점점 길에서 소외된다. 인간을 위해 직선의 도로를 만들지만 정작 인간은 그 직선에서 소외된다. 인간을 위해 만든 홈이 파인 공간에서 인간은 소외되고 오히려 자동차가 그

자리를 대신한다. 인간은 홈 파인 공간에서 벗어나 자신만의 '매끄러운 공간'을 만든다.

인간이 살아가는 일상 공간은 주름지고 접혀 있는 공간이다. 지리학은 주름지고 접혀 있는 공간을 펴는 것이 아니라, 주름지고 접힌 공간의 의미를 찾아내고 복원하는 것에 관심을 기울여야 한다. 내 삶과 우리 삶을 위한 지리학은 주름지고 접힌 공간에 주목해야 한다. 공간을 펴는 것이 능사가 아님을 알고, 주름지고 접힌 공간이 환경적, 인간적으로 어떤 의미가 있는지를 살펴야 한다. 신도시를 건설하면서 우리는 수없이 많은 주름지고 접혀 있는 공간을 펴놓았다. 그래서 많은 사람이 행복해지고 삶의 질이 높아졌을까. 오히려 오랜 세월 터를 잡고 살면서 그 공간을 통해 자신을 확인하던 사람들을 소외시키고 쫓아내는 결과를 가져오진 않았을까. 하지만 누구도 그런 소외에는 관심을 갖지 않는다. 오로지 접혀 있고 주름진 공간을 펴서 경제적인 가치를 높임으로써 부를 축적할 수 있기를 바랄 뿐이다.

주름지고 접혀 있는 공간은 환경적으로도 우리에게 많은 도움을 준다. 주름지고 접혀 있기 때문에 환경 재앙을 막아 줄 여유도 있다. 주름지고 접혀 있는 공간은 수용력이 크다. 자연재해에 즉각적으로 반응하지 않으므로 피해를 줄일 수 있다. 하지만 펼쳐진 공간에서 일어나는 자연재해는 온전히 인간이 감당해야 한다. 펼쳐진 공간에서는 주름지고 접혀 있는 곳처럼 이완시키고 완충해줄 것이 없으므로 작은 재해에도 심각한 피해가 발생한다. 그 대표적인 예를 굽은 하천을 직선으로 펴는 하천 직강하[24]의 문제에서 볼 수 있다. 하천은 일종의 댐의 역할을 하는 저수탱크이지만, 직강하되면 물을 가두는 댐의 역할을 하지 못하게 된다. 직강하된 하천은 거대한 하수구의 역할만 할 뿐이며, 주변에서 쏟아져 들어오는 물을 끊임없이 바다로 보낼 뿐이다. 물을 가두고 있다고 해도 가뭄에 쓸 수 있을 만큼의 양을 갖고 있지는 못하기 때문에 가뭄 때 대처할 수 있는 여지가 적다. 하천 직강하는 심각한 재앙의 예고편일 뿐이다.

현대는 인간을 위해 끊임없이 새로운 공간을 만들어내고 있다. 그러나 정작 그런 공간에 인간은 없다. 인간을 위해 공간을 만들지만, 그런 공간에서는 인간의 따뜻한 온기를 느낄 수 없다. 일상을 구성하는 곡선이 직선으로 대체되면서 인간은 점점 자신의 공간을 잃어간다. 직선으로 획일화된 공간에서 인간은 자아를 잃어버린다. 주름지고 접힌 곡선에 배어 있던 사람 냄새와 온기를 잃어버린다. 직선으로 구획된 공간에는 사람 냄새나 온기가 배어 있을 여유가 없다. 그렇기 때문에 직선의 공간에서는 우리 삶의 모습을 찾을 수 없다. 곡선은 인간을 중심으로 하는 공간의 모습이다. 인간을 위한 공간은 인간에게로 다시 돌아와야 한다. 인간을 위한다는 명분으로 오히려 인간을 제거하는 공간 논리는 재고되어야 한다. 현대인이 사람 냄새를 맡고 온기를 느낄 수 있는 공간에 대해 향수를 갖고 있는 것은, 고향과 과거를 그리워하며 사는 것은 그런 직선 공간의 삭막함 때문이다.

제 3 장   **같음의
지리학**

같음의 지리학에서 '같음'은 경관의 같음, 즉 어느 지역에서나 같은 모습으로 보이는 경관의 같음을 의미한다. 같음의 지리학은 지역적 차이가 아니라 지역적 동질성에 주목한다. '다름의 지리학'이 각 지역이 갖고 있는 고유한 특성을 규명하고자 한다면, '같음의 지리학'은 각 지역이 고유한 성격을 잃어가는 현상을 해석하는 데 관심이 있다.

정보 통신 기술의 발달과 과학 문명의 발달은 멀리 떨어져 있는 지역에 짧은 시간 안에 도달할 수 있게 함으로써 거리에 대한 부담감을 줄여주었다. 이 같은 문명의 발달된 속도는 삶의 속도로 전이된다. 일일생활권이라는 지역 개발의 표어가 이제는 무색할 정도다. 사람들은 하루 단위가 아니라 시간 단위의 삶을 산다. 애니메이션 〈공각기동대〉에 등장하는 청소부는 초 단위를 계산하면서 청소 구역을 옮겨 다닌다. 물론 〈공각기동대〉는 몇십 년 뒤의 미래를 가정하고 있지만, 시간이 점점 더 작은 단위로 세분화된다는 것은 그만큼 인간이 바빠졌고 빨라졌음을 의미한다. 또한 인간은 어디서나 일상의 익숙함을 누리고 싶어 한다. 여행지에서도 입에 맞는 음식과 편안한 잠자리를 원한다. 그런 현대인의 삶의 패턴으로 인해 점점 지구촌 어디서나 같은 경관이 일상 공간을 채워가게 되었다. 맥루언Herbert Marshall Mcluhan의 바람대로 지구는 점점 '지구촌화'되어가고 있는지 모른다.

이것이 오늘날 지리학이 같음에 주목해야 하는 이유이다. 차이를 발견하는 것도 중요하다. 하지만 지구촌 어디를 가든 비슷한 공간을 볼 수 있는 현상을 어떻게 이해해야 하는지를 묻는 것이 훨씬 더 중요한 시대에 우리는 살고 있다. 지역 간 차이가 사라져가면서 지리학의 종말을 우려하는 목소리도 생겨난다. 그러나 오히려 그렇기 때문에 지리학이 더욱 필요하다. 공간의 차이가 없어지는 것에는 분명 어떤 이유가 있을 것이며, 그 이유를 찾는 것이 지리학의 과제이기 때문이다.

포스트모던 시대에 들어서면서 사람들의 삶도 개별화되고 다양해질 것이라고 여겼었다. 그러나 오히려 일상적으로 소비하는 공간들의 모습은 점점 비슷해지고 있다. 우리가 소비하는 공간만을 놓고 본다면, 포스트모던 시대에 들어서면서 삶이 개별화, 다원화되고 있다고 말하기 어렵다. 하나의 논리가 지배했던 모더니즘 시대에는 도시나 지역 간의 차이가 뚜렷했지만, 역설적으로 포스트모던 시대에 들어오면서 도시나 지역 간의 차이가 사라지고 있다. 포스트모던 시대에 오히려 일상 공간이 동질화되어가고 있다.

이런 맥락에서 '같음의 지리학'은 곧 '지금 여기의 지리학 geography of now here'이다. 같음의 지리학은 다른 곳이 아닌, 바로 일상적인 삶이 영위되고 있는 '지금 여기'의 지리 현상에 주목한다. 따라서 같음의 지리학은 오늘의 지리학이다. 지금 여기의 지리학이기 때문에 오늘을 사는 현대인의 삶에 주목한다. 같음의 지리학은 다른 곳과 별반 차이가 없는 듯한 일상 공간이 어떤 의미를 갖는지에 관심을 갖는다. 동일한 공간을 소비하기에 비슷한 삶을 살 것 같지만, 비슷하면서도 다른 삶을 사는 것이 오늘을 사는 인간의 모습이다. 그래서 같음의 지리학은 정교함을 요한다. 동일한 경관은 같다는 이유로 어느 공간에서나 동일한 의미로 이해되기 쉽지만, 그것이 놓여 있는 맥락에 따라, 지역 구조에 따라 다른 의미를 띠고 있다. 경관이 같으면 이 장소와 저 장소는 동일해 보인다. 마치 어디인지 구분하는 것이 의미가 없는 'nowhere'인 것처럼 보인다. 하지만 'now here'의 관점에서 보면, 전혀 다른 장소성을 구성한다. 서로 다른 삶을 살고자 하면서도 같음의 공간으로 채워지는 현상은 삶에 대한 피상적 인식과 내면적 인식의 차이를 보여주는 단면이다. 그렇기 때문에 같음의 공간은 결코 같음을 표현하지 않는다. 같음의 지리학은 같음의 현상에 매몰되기보다는 경관의 같음 속에 내재하는 의미의 다름에 주목한다.

1. 맥도날드 — 역사와 문화의 지우개

"너희 동네에는 맥도날드 있니? 아웃백은?"

대학 신입생들이 사는 곳을 서로 비교하면서 흔히 주고받는 대화이다. 이들의 대화에 따르면 맥도날드나 아웃백이 있으면 도시고, 그렇지 못하면 시골이다. 이들에게는 도시와 시골을 구별하는 지표가 맥도날드와 같은 패스트푸드점인 것이다. 맥도날드는 미리 조리해놓은 규격화된 재료를 이용해서 음식을 만들기 때문에 주문 즉시 음식이 나온다. 바쁜 도시인에게 적합한 시스템이다. 재료를 미리 조리해놨다가 음식을 만드는 것은 음식 오브제의 혁명일 수 있다. 마치 1917년 뉴욕의 미술 전시회에 레디메이드[25] 오브제를 이용한 작품을 출품해 미술의 개념을 바꾸어놓은 뒤샹Marcel Duchamp[26]처럼 맥도날드는 음식 문화의 혁명을 가져왔다. 이른바 빨리 만들어 빨리 먹을 수 있는 시스템을 갖추고, 프랜차이즈 체계를 도입해 그것을 전 세계로 확산시킴으로써, 맥도날드는 세계 어디서나 같은 메뉴를 같은 맛으로 제공할 수 있게 되었다.

맥도날드가 처음 생긴 1940~50년대의 미국은 도시 근교의 땅값이 상승하고 출산율이 높았으며 자가용을 타고 다니면서 여가를 즐기는 사람들이 많았다. 그 당시에는 기분 전환을 위해 외식을 하는 것이 일반적 경향이었고, 이에 따라

햄버거를 비롯한 패스트푸드의 인기가 점차 높아졌다. 또한 패스트푸드는 음식을 만들고 먹는 시간을 예측할 수 있어 편하고 효율적이라는 이유로 출퇴근하는 직장인들에게도 점차 인기를 얻게 되었다. 사람들의 삶이 점차 바빠지고 빨라짐과 동시에 패스트푸드의 인기도 높아지기 시작했던 것이다. 맥도날드는 이런 시대의 흐름을 타고 번성하기 시작했다.[27]

오늘날에는 세계 어디서나 맥도날드를 만날 수 있다. 다른 나라도 비슷하겠지만 특히 우리나라에서는 도시, 그것도 어느 정도의 규모를 갖춘 도시에서만 맥도날드를 만날 수 있다. 맥도날드뿐 아니라 유명 프랜차이즈 패스트푸드점이 다 그렇다. 따라서 농촌에 사는 어린이는 특별한 날에만 그런 곳에 갈 수 있다.

맥도날드를 알리는 표시는 세계 어디서나 똑같다. 맥도날드는 어디에 있든 빨간색 바탕에 노란색 'M'자가 새겨진 간판을 달고 있다. 이렇게 맥도날드는 전 세계 어디서나 표준화된 외양을 갖고 있기 때문에 글자를 모르는 사람도 간판만 보고 맥도날드를 찾을 수 있다. 버거킹, 파파이스, 켄터키 프라이드치킨 등 다국적 기업이 운영하는 프랜차이즈 패스트푸드점들은 모두 그렇다. 간판만 같은 것이 아니다. 프랜차이즈 매장들은 세계 어디서나 동일한 맛을 제공한다. 그래서 낯선 곳의 음식에 적응하지 못하는 여행자가 적은 돈으로 한

끼 식사를 해결하기에 좋다.

　그렇다면 이런 프랜차이즈 패스트푸드점이 세계적으로 같음의 경관을 보여주는 것은 어떻게 가능할까? 나라마다 음식 문화가 다르고 음식에 들어가는 재료나 음식을 만드는 방법이 다양함에도 불구하고 획일화, 표준화된 맥도날드가 세계적으로 확산될 수 있었던 것은 빠르게 살아가고 있는 현대인의 삶 덕분이다. 교통과 정보 통신 기술의 발달은 일을 더 많이 해야 하는 시스템을 제공했고, 이로써 삶의 여백을 메워버렸다. 이젠 '빨리빨리'라는 말이 한국인들은 물론 지구촌 사람 모두의 삶을 대변하는 용어가 되어버렸다. 바쁜 현대인에게 먹는 것은 허기만 달래면 되는 것이 되었고, 그렇기 때문에 먹는 데 시간과 노력을 낭비(?)할 이유가 없다. 그렇기에 맥도날드를 비롯한 패스트푸드점들이 만들어내는 경관상의 같음에는 바쁘게 살고 있는 지구촌 사람들의 삶의 모습이 투영되어 있다.

　그러나 이러한 같음에 반대하는 목소리도 적지 않다. 맥도날드가 이탈리아에서 처음으로 가게를 연 곳은 로마였다. 로마의 유명한 식당 피아차 데스파니아Piazza d'Espania 근처에 맥도날드가 들어서면서 이탈리아에서는 미국의 패스트푸드로부터 이탈리아 음식을 지켜야 한다는 위기의식이 확산되었고, 그것이 계기가 되어서 카를로 페트리니Carlo Petrini를 중심으로 한 많은 사람들이 패스트푸드에 저항하는 '슬로푸드slow food'라는 개념을 만들어냈다.[28] 그것은 곧 이탈리아 음식의 고유한 맛을 지키기 위한 것이고, 음식의 미국화에 저항하기 위한 것이었다.[29]

이탈리아에서 슬로푸드 운동이 일어난 것은 단지 패스트 푸드에 대한 반대 때문이 아니라, 음식을 통한 미국 문화의 전파에 대한 두려움 때문이었다. 이탈리아 사람들의 생활 양식이 맥도날드를 통해서 들어오는 미국식 생활 양식으로 변화되는 것에 대한 저항이었던 것이다. 지리학자가 프랜차이즈에 주목하는 것은 바로 이 점에서다. 물론 경관상의 같음을 통해서 현대인의 바쁜 삶의 모습을 파악하는 것도 의미 있지만, 그것을 넘어 그 공간에 각인되어 있는 '비장소성 placelessness'에 주목한다.

맥도날드를 비롯한 프랜차이즈 기업의 매장들은 어디에 위치하고 있는가와 상관없이 늘 동일한 모습을 하고 있으며 그 외양을 통해 자신을 세상에 알린다. 프랜차이즈 기업의 입장에서는 세계 어디서나 겉모습을 같게 하는 것이 자신을 알리는 훌륭한 상업 전략이다. 예컨대 맥도날드는 매장이 위치할 공간의 특성은 고려하지 않는다. 공간의 특성과 상관없이 장사가 될 만한 곳이면 어디든지 빨간색 간판에 노란색 'M'자를 새겨 넣는다. 장소나 공간의 정체성을 생각하지 않고 경제적인 이윤 창출만을 고려한다.

하지만 각 공간에 살고 있는 인간은 자신이 사는 공간이나 장소가 지니는 의미가 존중되길 바란다. 오랫동안 그 공간에 퇴적되어 있던 의미의 지층이 외부 자본에 의해 훼손되거나 파괴되기를 원치 않는다. 지금 자신이 살아가고 있는 공간이 나를 표현하고 우리를 표현해주는 곳이기에, 그 의미가 희석되기를 원치 않는다. 오히려 자신이 살고 있는 공간이 역사적으로나 문화적으로 의미 있는 공간임을 알리고 싶어 한다. 그렇기에 지역에 따라서는 맥도날드가 갈등에 휘말리기도 한다. 실제로 이스라엘에서는 이스라엘 사람들이 신성하게 여기는 장소 옆에 들어온 맥도날드 가게가 항의를 견디지 못하고 자리를 옮긴 사례가 있다. 이스라엘 사람들은 자신들이 정신적 고향으로 생각하는 공간을 미국의 맥도날드가 점유하고 있다는 사실을 참을 수 없었다. 자신들이 그 장소에 부여하고 있는 장소의 의미(장소성placeness)를 맥도날드가 희석하고 훼손하는 것(비장소성placelessness)에 분노했던 것이다.[30]

맥도날드를 비롯한 프랜차이즈 매장은 세계 어느 곳에서나 표준화된 외양을 갖추며 비장소성을 심화한다. 프랜차이즈 기업의 입장에서 그것은 세계를 장소화해가는 과정이다. 하지만 프랜차이즈 매장이 있는 곳에 거주하는 사람들은 자신들이 그 공간에 부여했던 의미가 프랜차이즈 매장으로 인해 사라질까 봐 걱정한다. 세계적인 프랜차이즈 기업이 갖고 있는 자본의 힘이 사소한 일상의 공간을 '맥도날드 가게가 있는 곳'으로 만들어버릴까 봐 우려한다.

우리가 사는 공간에서 장소성이나 공간성이 사라진다는 것은 내가 누구이고 우리가 누구인지를 확인받을 장소나 공간이 없어지는 것이라는 점에서 심각한 문제이다. 어디에나 같은 모습만이 있을 뿐, 각 공간이나 장소의 고유한 특성이 없다면, 다양한 삶이 주었던 조화, 자유, 여유로움이 퇴색해가면서 개인도 점차 소멸해간다. 심지어 집단의 문제로 모든 것을 해결하고 집단의 힘으로 개인의 욕망을 억압하는 일이 생길지도 모른다. 그렇기에 장소성이나 공간성의 사라짐은 단지 장소성이나 공간성뿐만이 아니라 우리 의식도 소멸함을 의미한다.

세계가 점차 같아진다면, 누구와 같아진다는 것인지, 누구를 닮아간다는 것인지를 생각하지 않으면 안 된다. 어떤 모습으로 같아지고 있는지도 생각해야 한다. 그것은 어떤 중심으로 삶이 빨려 들어간다는 것을 의미한다. 나를 버리고 우리를 버리고 어떤 하나의 삶의 양식에 적응해가면서 살아가야 한다는 것을 의미한다. 우리가 살고 있는 공간이 점차 같아진다는 것은 우리를 같게 만들고자 하는 권력 혹은 자본의 의도에 부합되게 살아야 한다는 것을 의미한다. 그래서 현대인은 자아를 잃어버린, 우리를 잃어버린 모습에 가까워지고 있는지 모른다.

이런 맥락에서 우리는 우리가 살고 있는 공간이나 장소의 외양이 비슷해져간다는 사실에 주목해야 한다. 다르게 살면서 조화를 이루는 삶의 모습은 아름답다. 우리가 살고 있는 장소나 공간은 서로 다른 역사와 문화를 갖고 있다. 장소나 공간 속에 퇴적되어 있는 인간의 경험은 공간이나 장소마다 다르다. 그렇게 일상은 다른 문화와 역사를 갖고 있다. 이렇게 공간에 담긴 역사와 문화의 차이가 오늘의 나를, 우리를 구성한다.

공간의 모습이 비슷해지고 있다는 것은 생각이 비슷해지거나 삶의 패턴이 닮아가고 있음을 의미한다. 모두가 개성을 추구하면서도 오히려 같음의 공간에 익숙해져간다는 것이 오늘의 역설이다. 오늘 '지금 여기'의 공간은 점차 같아져만 간다. 공간의 측면에서 본다면, 포스트모던은 다양성을 추구하는 것이 아니라 획일성을 추구하는 것 같다. 오늘날 사람들은 다름을 추구하지만 다른 사람과 구별되는 정말로 다른 삶을 살 용기가 부족하거나, 다르게 살고 싶지만 주변의 눈이 무서워 그렇게 살지 못한다. 그래서 다름을 추구하지만 다름의 같음을 추구하면서 살고 있다.

그래서 우리 안에 존재하는 일상의 파시즘을 우려하는 이들도 있다.[31] 어쩌면 그건 어느 공간에서나 같은 모습을 볼 수 있다는 것에 대한 우려이다. 공간에 관심을 갖고 공간을 통해 세상을 바라보면, 일상의 삶에서 전체주의적인 요소가 늘어나는 것 역시 모든 공간이 같은 모습으로 변해가는 것과 무관하지 않다. 다른 모습은 다른 생각을 반영한다. 우리가 같은 모습으로 같은 생각을 하다 보면 점차 우리 공간이 삶의 활기를 잃어간다.

서로 다른 생각을 하면서 서로 다른 꿈을 꾸며 조화를 이루는 사회는 같음을 경계하면서 산다. 같아진다는 것은 나를 잃어버리는 일이다. 프랜차이즈 매장들은 일상 공간을 다른 곳과 동일한 경관으로 바꾸어놓는다. 이렇게 일상 공간을 같음으로 채워가는 것은 우리 삶과 직접적인 관련이 있다. 맥도날드를 비롯한 프랜차이즈 기업은 우리의 역사와 문화를 지우는 지우개인 셈이다.

2. 고속 도로 — 기억의 정치 공간

고속 도로는 어디에서나 볼 수 있는 표준화된 경관이다. 대전에서 보는 고속 도로나 춘천에서 보는 고속 도로는 같다. 우리나라의 고속 도로와 독일이나 미국 등지에서 볼 수 있는 고속 도로의 모습 또한 별반 다르지 않다. 어디에서나 같은 모습을 하고 있는 고속 도로를 어떻게 이해해야 할까. 단순하게 시작해보자. 기능적이고 과학적인 시선으로 보면 고속 도로는 흐름의 공간이다. 물자를 운반하기 위해 화물차는 밤낮으로 이동한다. 사람을 실어 나르기 위해 승용차와 버스가 분주하게 움직인다.

고속 도로에는 출발점과 도착점만이 존재한다. 출발점과 도착점을 연결하는 과정은 생략되어 있다. 오로지 출발점에서 도착점에 빨리 도달하기 위한 노력만이 존재한다. 출구가 보이지 않는 닫혀 있는 공간이므로 고속 도로에는 속도만이 존재한다. 느리게 사는 삶이 이 공간에서는 허용되지 않는다. 고속 도로에서 느림은 곧 도태를 의미한다. 고속 도로는 그 이름에 걸맞게 고속으로 달려야 하는 공간이다. 다른 사람보다 먼저 최단 시간에 목적지에 도착하기 위해 달리는 것을 목적으로 삼는 공간이다. 그런 점에서 고속 도로로 들어서는 그 순간 목적지에 도착한다는 사실보다 더 중요한 것은 달리는 것 그 자체이다. 수단이 목적으로 둔갑하는 순간이다. 오로지 달리는 것이 중요하므로 달리지 못하고 차가 막히면 답답해진다. 고속 도로가 아니고 저속 도로가 되는 것은 참을 수 없다. 저속 도로에서 느리게 가는 것은 용납되지만 고속 도로에서의 느림은 받아들이기 힘들다. 달려야 하는데 그러지 못하면 짜증을 내며 답답해한다. 목적지에 빨리 도달할 수 없어 초조해한다. 다른 차가 끼어들면 화가 나고, 갓길로 달리는 차를 보면서 거기에 동참하고 싶은 유혹을 느낀다.

　고속 도로는 닫혀 있기 때문에 속도가 더 중요하다. 닫혀 있는 공간에서 벗어나기 위한 본능적인 노력으로 안간힘을 다해 달린다. 하지만 그마저도 여의치 않다. 곳곳에 숨어 있는 속도위반 단속 카메라는 자동차들을 고속 도로에 일정 속

도로 붙잡아둔다. 정해진 것보다 빠른 속도로 그곳을 벗어나는 것을 용납하지 않는다. 고속 도로이기 때문에 사람들은 고속으로 달리고 싶어 하지만 어느 한계 이상으로는 달리지 못한다. 그것이 사람들을 다시 답답하게 한다. 자신이 놓여 있는 공간이 고속 도로임에도 불구하고, 사람에 따라서는 그곳을 저속 도로나 중속 도로로 느껴 답답해한다. 빨리 달릴 수 있게 만든 공간에서 속도 제한 없이 빨리 달리지 못하면 적응하기가 어렵다. 독일의 아우토반처럼 속도 제한 없이 달리는 것이 허용되는 공간이 고속 도로라는 공간이길 바라는 사람에게는 일반 고속 도로가 성에 차지 않는다.

고속 도로는 빠름의 미학이, 속도의 미학이 존재하는 공간이다. 속도와 효율을 극대화하기 위해 만들어진 이 공간에서는 누구나 속도와 효율을, 목적지에 빨리 도착하기를 기대한다. 그래서 고속 도로에서 후진은 용납되지 않는다. 고속 도로는 오로지 목적지를 향해 가야 하는 공간이다. 주변을 둘러보는 여유도 허락되지 않는다. 주변을 둘러보는 대신에 도로 표지판이나 속도와 연료 상태 등을 표시하는 계기판을 주시한다. 어쩌면 고속 도로의 운전자들에게는 세상의 공간이 자동차 계기판으로 축소되어 있는지 모른다.[32] 고속 도로 운전자들은 차선을 변경해가며 다른 사람보다 먼저 목적지에 도착하는 것을 미덕으로 여긴다. 다른 사람 때문에 자신이 속도를 줄여야 하는 상황을 용납하지 못한다. 그래서 상향등을 비춰가며 자신의 진로를 막고 있는 차가 주행선으로 이동하도록 신호를 보낸다. 속도와 효율을 신봉하지 않는 사람은 고속 도로를 이용할 자격이 없다. 그런 사람은 속도의 미학이 존재하는 공간에서 존재 이유를 찾을 수 없는 사람이다. 그러므로 누구나 고속 도로에 들어서는 순간 목적지에 빨리 도달하기 위해 다른 사람과 경쟁을 한다.

어쩌면 빨리빨리를 외치면서 바쁘게 살고 있는 현대인의 삶을 가장 잘 보여주는 공간이 고속 도로이다. 주변을 둘러볼 여유도, 다른 사람들에게 양보할 여유도 없이 경쟁에서 뒤지지 않기 위해 매일매일 속도전으로 일상을 보내는 현대인들은 고속 도로에 어울리는 사람들이다. 프랑스의 철학자 상소Pierre Sansot가 전하는 프랑스의 고속 도로도 우리와 크게 다르지 않다.[33] 그런데 속도의 미학이 지배하는 공간에 연민을 보내는 상소처럼, 근대화를 상징하는 고속 도로에 연민을 갖고 자신을 투사하면서 사는 사람들이 있다.

물자를 운반하기 위해 밤낮을 고속 도로에서 보내고 숙식까지 고속 도로에서 해결하는 화물차 운전자들에게 고속 도로는 기능적인 시선으로만 볼 수 없는 공간이다. 실존주의 교육학자인 볼노브Otto F. Bollnow의 "인간은 세상에 던져진 존재이다"라는 말은 그 세상이 어떤 곳인지를 생각하게 한다. 인간이 어떤 공간에 던져지는가에 따라 인간의 실존이 달라질 수 있다고 말한다면, 화물차 운전자에게 고속 도로는 단지 물자를 운반하는 기능적인 공간만이 아니다. 인간에게 집의 중요성을 역설하는 볼노브의 생각에 동의한다면, 고속 도로에서 밤늦게까지 화물을 운반하는 사람들에게 고속 도로는 그들의 집일 수 있다. 그들은 그 공간에 자신을 투사하면서 그 공간을 집으로 만들고 있다. 그렇기에 화물차 운전자들에게 고속 도로는 같음의 경관으로만 다가오지 않는다. 그들에게 고속 도로는 다름의 공간이다. 세상에 던져진 내가 속도에 치여서 고단한 하루의 삶을 살아가고 있음을 자각하게 해주는 공간이다. 고속 도로에 자신을 투사하면서 자아 정체성을 찾으려고 하는 이들은 단지 화물차 운전자들만은 아니다.

베트남 전쟁 참전 용사들은 경부 고속 도로를 자신들의 젊음이 담겨 있는 공간으로 기억한다. 그들 대부분은 자신들의 참전으로 인한 '월남 특수'가 아니었다면 경부 고속 도로 건설이 불가능했을 것이라고 생각한다. 그렇기 때문에 그들은 자신들의 정체성을 이 고속 도로를 통해서 확인받으려 한다. 그들에게 베트남 전쟁 참전 후에 남은 것이 있다면 조국에 이 고속 도로를 선사했다는 기억이다. 이처럼 베트남 전쟁 참전 군인들에게 경부 고속 도로는 그들의 젊은 시절의 아픔이 새겨져 있는 공간이다.

물론 경부 고속 도로에 대한 집단 기억[34] 속에는 베트남 참전 군인에 대한 기억은 거의 없다. 경부 고속 도로는 우리에게는 근대화의 표상이지만, 베트남 전쟁 참전 군인들에게는 자신들이 젊음을 바친 공간이자 동료의 희생이 담겨 있는 공간, 슬픔과 아픔이 담겨 있는 기억의 공간이다. 베트남 전쟁에서 돌아온 후 그들은 고엽제 후유증 등 여러 가지 후유증에 시달렸다. 고엽제 피해는 그들에게만 고통을 주는 것이 아니라 그들의 자식에게도 대물림된다. 베트남 전쟁으로 인해 자신뿐 아니라 자식들까지도 정상적인 삶을 살지 못하게 된 것이다.[35] 하지만 누구도 그들에게 관심을 갖지 않는다. 그렇기 때문에 베트남 전쟁 참전 군인이 스스로를 지탱하는 유일한 자랑거리는 젊음을 바쳐 조국에 고속 도로를 선사했다는 것이다.

그러나 베트남 전쟁 참전 용사들의 희생의 대가로 경부 고속 도로를 건설했다는 공식적인 기록은 없다. 그럼에도 베트남 전쟁 참전 군인들이 자신들의 희생 덕분에 경부 고속 도로가 건설되었다고 생각하는 이유는 무엇일까? 우리 사회 구성원들의 집단 기억 속에 있지 않은 기억이 왜 그들의 기억 속에 자리 잡고 있는 걸까? 그들은 어떻게 그런 기억을 갖게 되었을까? 프랑스의 사회학자인 알바슈Maurice Halbwachs가 말하고 있듯이 개인이 갖고 있는 모든 기억이 사회적인 것이라고 할 때,[36] 베트남 전쟁 참전 용사들의 기억이 어떤 과정에서 만들어졌는지를 생각해보아야 한다. 우리 사회 구성원들이 갖고 있지 않은 기억을 그들은 어떻게 갖게 되었는지 따져보아야 한다.

　베트남 전쟁 참전 용사들은 자신들이 젊음을 바쳐서 조국의 근대화를 상징하는 이 공간을 만들었다고 믿지만 그들을 제외한 대부분의 사회 구성원들은 그들의 기억에 동조하지 않는다. 그래서 그들은 우리 사회에 그 사실을 상기시키기 위해 경부 고속 도로를 점거하는 일도 마다하지 않았다.[37] 베트남 전쟁 참전 군인들의 이 시위 사건은 그들에 대한 사회적 인식을 환기하는 계기가 되었고, 또한 그들의 현실적 삶에 관심을 갖게 만들었다. 하지만 그 후 그들을 기억하는 사람들은 점점 줄어들었다. 그들의 희생이 그들의 2세가 겪는 아픔으로 이어졌지만 그마저 사람들의 관심에서 멀어졌다.

　결국 경부 고속 도로와 관련된 기억 투쟁은 결론을 내릴 수 없는 상태에서 막을 내렸다. 하지만 우리 사회 구성원들의 기억이 옳든, 베트남 전쟁 참전 군인들의 기억이 옳든 간에 우리가 '지금 여기'에서 기억해야 하는 것은 그들 2세의 고단하고 슬픈 삶이다. 베트남 전쟁 참전 군인 2세가 겪는 고엽제의 후유증은 베트남 전쟁이 끝난 지 한참 된 지금도 그대로다. 베트남 전쟁 참전 군인의 희생으로 경부 고속 도로가 만들어졌다면, '지금 여기'의 일상 공간으로서의 경부 고속 도로에 대한 기억에는 그들 2세의 희생에 대한 기억도 덧씌워져야 한다. 그들의 고통과 희생이 지금도 계속되고 있는 한, 경부 고속 도로를 단지 조국 근대화의 상징으로만 읽어낼 수는 없다. 오히려 근대화의 상징이라는 밝은 면보다 그 것에 가려져 있는 슬픈 기억에 더 주목해야 한다.

고속 도로를 집으로 삼고 있는 화물 트럭 운전자들과 경부 고속 도로가 자신들이 젊음을 바쳐 건설한 것이라는 인식을 갖고 있는 베트남 전쟁 참전 용사들을 생각한다면, 고속 도로를 단지 흐름의 공간, 속도의 미학이 존재하는 공간으로만 기억해서는 곤란하다. 어쩌면 고속 도로만이 아니라 우리 공간 어디에서나 볼 수 있는 평범한 경관 역시 남다른 기억을 담고 있는지 모른다. 다만 우리가 그 공간 속에 두텁게 퇴적되어 있는 기억에 주목하지 않았을 뿐이다.

공간은 나, 그리고 우리의 정체성을 재현한다. 베트남 전쟁 참전 군인들에게 경부 고속 도로는 자신들의 정체성을 상징하는 공간이다. 그들은 기억을 통해 경부 고속 도로에서 자신들의 정체성을 찾고자 한다. 이와 같이 어디서나 동일한 경관을 보여주는 공간이라 해도 그것을 표준화된 인식으로 설명하는 것은 옳지 않다. 공간은 삶과 유리되어 있지 않다. 어떤 공간이든 삶을 소거한 상태에서 이해될 수 있는 곳은 없다. 고속 도로라는 공간도 속도의 미학이 존재하는 공간으로만 인식할 것이 아니다. 고속 도로라는 공간에 담겨 있는 기억과 인간의 삶에 관심을 가져야 한다.

3. 화장실을 통해 보는 세상

화장실이라는 작은 공간은 과연 세상의 변화를 담아낼 수 있을까. 위고Victor Hugo는 "인간의 역사는 화장실의 역사이다"라고까지 했다.[38] 화장실에 대한 예찬은 위고에게서 멈추지 않는다. 브레히트Bertolt Brecht는 그의 희곡 〈바알Baal〉(1919)에서 화장실을 지상에서 가장 사랑스러운 공간으로 칭송했다.

그가 이 지상에서 가장 좋아했던 곳은
언제나 화장실이었다.

그곳은, 인간에게 만족을 주는 장소
위로는 별들이 빛나고 아래로는 두엄 더미가 있는 곳.

그곳은 분명, 혼자서도
첫날밤을 치른 사람처럼 행복할 수 있는, 경이로운 곳.

그곳은, 당신 자신이 그 어느 것도 몸에 지니고 있지 않은
한갓 인간일 뿐이라는 사실을 깨닫게 되는 겸손의 장소.

그곳은, 새로운 욕구 충족을 위해
볼록 나온 배를 비워낼 수 있는, 지혜의 장소.

그곳은, 인간이 기꺼이 휴식을 취하는 곳

하지만 부드럽게, 자기 자신을 위해 무언가 감행하는, 그런 장

소.[39]

　화장실은 우리의 일상을 구성하는 중요한 공간이다. 다른 사람과 공유할 수 없는 나만의 공간이다. 다른 사람과 공유할 수 없기 때문에 가장 은밀하고, 억압되어 있던 욕망이 표현되기 쉬운 공간이다. 다른 사람을 의식하지 않아도 되므로 자신의 의식 저변에 억눌려 있는 리비도를 드러낼 수 있는 장소이다. 그렇기 때문에 브레히트는 화장실을 예찬했는지 모른다. 화장실이라는 공간이 담고 있는 의미가 다양하기 때문에 그 공간에 찬사를 보내지 않을 수 없었을 것이다. 화장실은 배설의 카타르시스를 경험하게 하는 공간이기도 하고, 인간 됨됨이를 깨닫게 하는 겸손의 장소이기도 하고, 새로운 욕구를 충족하게 해주는 지혜의 장소이기도 하다.

　이런 사실은 우리의 공간에서도 확인할 수 있다. 예전부터 공공 화장실 벽에는 성性에 관한 낙서가 많았다. 사람들은 가장 심하게 억눌려 있던 성적 욕망을 화장실이라는 자신만의 공간에서 다른 사람을 의식하지 않고 표출했던 것이다. 다른 사람과 공유하지 않는 그 공간에서 자신의 욕망을 그대로 드러냈던 것이다. 하지만 성에 대한 이미지나 동영상들을 인터넷을 통해 쉽게 접할 수 있게 되면서 화장실의 역할이 변한

98

다. 사이버 공간에서 억압되었던 성적 욕구를 충족하는 것이 가능해지면서 더 이상 화장실은 그런 공간으로 이용되지 않는다. 인터넷 시대에 들어서 화장실은 새로운 시대상을 반영할 준비를 하고 있는 셈이다. 과거에 성에 대한 낙서들이 판쳤던 화장실이 최근에는 인간의 장기를 밀매매하는 위험한 거래의 광고 공간으로 바뀌고 있다. 장기 매매는 공공 영역에서 다룰 수 있는 일이 아니다. 그래서 그 은밀한 거래가 화장실을 통해 이루어진다. 물론 장기 매매는 인터넷으로도 이루어지고 있지만, 추적이 불가능한 장소라는 점에서 공공 화장실이 더 선호되는 듯하다.

단지 화장실의 낙서가 변했다는 것만이 사회의 변화를 보여주는 것은 아니다. 화장실이 깨끗해졌다. 예전의 공공 화장실을 기억하는 사람이라면 상전벽해를 느낄 만큼의 커다란 변화이다. 물론 터미널이나 역 등의 화장실을 청소하는 사람이 많아지고 화장실을 사용하는 사람의 의식 수준이 높아져서 그럴 수도 있겠지만, 그런 요인만으로 설명할 수 없을 만큼 화장실이 깨끗한 공간으로 변화되었다.

화장실이 깨끗해졌다는 것은 우리의 거주 양식의 변화를 반영한다. 주거 양식이 단독 주택에서 아파트 중심으로 변화하면서 화장실은 주택 외부에서 내부로 들어오게 되었고, 그러면서 과거에 비해 더욱 깨끗해졌다. 우리는 집 안의 화장실과 집 밖의 화장실의 차이를 실감하면서 살고 있는 셈이다. 또한 화장실이 재래식에서 수세식으로, 그리고 좌변기로 빠른 시간 내에 변화한 것은 서구의 삶을 동경하는 우리의 시선 때문이 아닐까. 외국의 깨끗한 화장실은 곧 선진화된 삶의 지표가 되어 우리는 이세 어디서든 화장실을 예쁘게 꾸미는 데 돈을 아끼지 않는다.

고속 도로 휴게소에 가보면, 화장실 콘테스트에서 상을 받았다고 자랑스럽게 선전하는 경우를 볼 수 있다. 화장실이 깨끗해지면서 화장실은 단지 배설의 공간이 아니라 자신을 드러내고 우리를 드러내주는 구별 짓기의 공간이 되었다. 선진국과 후진국의 차이를 드러내주는 공간이 되었고,[40] 다른 사람과 나를 구별해주는 공간이 되었다. 프랑스의 베르사유 궁에서는 화장실을 갖고 있는 사람과 갖고 있지 않은 사람으로 계급을 구분하기도 했다고 한다. 이런 점에서 화장실은 역사적으로도 구별 짓기의 공간이었는지 모른다.[41] 다만 그런 공간이 일상 공간으로 변화되면서 우리가 그 의미를 잊고 살고 있는 것뿐이다.

한편, 공공시설의 화장실에서는 대개 남성과 여성의 공간이 양적으로 균등하게 구분된다. 남자 화장실과 여자 화장실이 동일한 규모로 설치돼 있다. 외관상으로 나타나는 이러한 공간의 '남녀평등'은 역설적이게도 남성과 여성의 신체 구조를 고려하지 않은 불평등의 사례다. 우리가 갖고 있는 남녀평등의 의식이 사실은 표면적일 뿐, 아직도 내면화되어 있지 않음을 보여주는 사례인 셈이다. 남녀의 신체 구조의 차이를 배려한다면 남성 화장실보다는 여성 화장실이 더 넓은 공간을 필요로 한다는 사실에 누구나 동의할 셈이다. 남성과 여성의 신체 구조를 고려한다면 남녀 화장실의 규모를 5:8 정도로 배정해야 한다.[42] 획일적으로 남성과 여성을 동등하게 배려하는 것이 곧 남녀평등은 아니다.

남성과 여성을 동등하게 대우한다는 것은 남성성과 여성성을 똑같이 배려한다는 의미이지, 여성과 남성을 평균적, 획일적으로 배려한다는 의미는 아니다. 남녀 화장실 규모의 균등함은 이런 획일적이고 평균적인 배려의 산물이다. 그 결과 휴가철이나 명절 때면 고속 도로 휴게소에서는 상대적으로 한적한 남자 화장실과 달리 여자 화장실은 순서를 기다리는 사람으로 장사진을 이룬다.

남녀 화장실의 이런 불균형은 휴가철이나 명절 같은 특정한 시기의 고속 도로 휴게소에서만 나타나는 현상이 아니다. 연주회장이나 극장 같은 문화 공간에서도 이런 불균형은 마찬가지다. 문화를 소비하는 공간에서조차 여성에 대한 배려가 형식적이다. 나름대로 고급문화를 소비하는 곳으로 여겨지는 공간에서조차 이런 현상이 벌어지고 있는 것은 결국 사회적 소수자로서의 여성에 대한 배려가 전시 차원에 머물러 있다는 증거다. 여성성을 고려한 여성에 대한 배려가 아니라, 남성의 입장에서의 여성에 대한 배려가 있을 뿐이다. 결국 남자 화장실과 동일한 규모의 여자 화장실은 남성의 입장에서 평등한 공간이지 여성의 입장에서 평등한 공간은 아니다. 우리 사회가 아직도 남성 중심의 사회임을 화장실을 통해서도 확인할 수 있다. 남성의 시선으로 계획된 화장실은 남성의 입장에서는 문제가 되지 않지만 여성의 입장에서 보면 차별의 공간이고 불평등의 공간인 셈이다.

어느 공간이든 그 공간은 역사를, 삶의 흔적을 대변한다. 화장실도 예외는 아니다. 화장실의 역사는 인류와 함께 시작되었다. 그렇기 때문에 화장실의 작은 변화는 곧 삶의 변화를 의미하며, 우리는 화장실의 변화를 통해서 우리가 살아온 삶을 이해할 수 있다. 또한 화장실의 변화는 오늘을 사는 우리의 허위의식이나 위선, 우리 사회가 갖고 있는 부조리한 모습, 서구 지향적인 삶의 모습도 보여준다.

우리 사회의 화장실의 변화는 식습관의 변화까지도 담아낸다. 식습관이 서구식으로 바뀌면서 서구식 화장실이 필요해졌는지도 모른다. 식습관이 채식 아닌 육식 중심으로 바뀌면서 화장실 습관까지 바뀌었고, 그에 따라 화장실의 모습까지 바뀌게 된 것이다. 화장실은 단지 화장실로서의 기능만 갖고 있는 것이 아니라 삶의 방식이나 거주 양식의 변화까지도 보여준다. 이렇듯 일상을 구성하는 작은 공간일수록 삶의 변화를 더욱 세밀하고 직접적으로 반영한다.

지리학이 삶의 모습에 천착하고자 한다면 화장실을 비롯

한 일상을 구성하는 작은 공간들에 대한 관심을 더욱 늘려야한다. 그런 공간들 가운데 중요하지 않은 것은 없다. 다만 지금까지 누군가가 중요하다고 이야기한 공간과 중요하지 않다고 이야기한 공간을 구분해서 받아들이는 데 우리가 익숙해 있었을 뿐이다. 누군가가 구획해놓은 선을 걷어내고, 삶에서 중요하다고 생각되는 공간에 천착하는 것이 필요하다. 그렇게 일상을 구성하는 작은 공간에 의미를 부여하고 그것에서 의미를 발견하는 것이 곧 나를 찾아가는 지름길이다.

제 4 장 ——— **배치의
지리학**

배치의 지리학에서 '배치'는 공간 구성 요소의 자리매김을 의미한다. 배치의 지리학에서는 작고 미세한 공간 구성 요소를 통해 일상 공간의 미시적인 의미 세계를 읽어보고자 한다. 나아가 작고 미세한 의미의 흐름에 주목하면서 '지금 여기'의 공간에 대한 새로운 인식을 모색하려 한다. 일상 공간의 의미는 공간 구성 요소들의 접속 형태에 따라 달라진다. 같은 공간에서도 공간 구성 요소들의 배치에 따라 다른 의미가 생산된다. 가령 축구 경기장에서 축구를 가능하게 하는 요소들의 배치를 보자. 축구의 규칙을 포함해서, 축구 선수-축구공-골키퍼라는 공간 구성 요소가 존재한다. 이것들이 어떤 접속 관계를 맺는가에 따라 관중의 희비가 엇갈린다. 홈팀의 축구 선수-축구공-골키퍼의 배치는 홈팀의 팬들에게는 골을 넣을 수 있는 결정적인 순간으로 비치지만 원정단 응원팀에게는 숨죽이는 순간을 만들어준다.

공간의 의미는 유동적이다. 고정된 것은 공간이 수행하는 기능적 역할뿐이다. 하지만 이마저 공간 구성 요소의 배치에 따라 달라진다. 축구 경기장이 가끔은 커다란 음악회의 무대가 되는 것처럼, 같은 공간이라도 전유 주체가 누구인가에 따라 공간의 기능과 의미가 달라지기도 한다. 공간 전유 주체는 자신의 의도를 반영한 배치를 도모하기 마련이다. 푸코의 표현을 따른다면, 권력은 새로운 배치 전략을 찾아내고, 다른 사람이 알아차리지 못하게 은밀히 자신의 의도를 드러낸다. 배치는 일상 공간에서 권력욕을 구현하는 기제이고, 권력을 작동시키는 전략이다. 어떤 행사에 참석했을 때 배당받는 좌석은 그 사람의 권력의 크기를 반영한다. 귀빈석에 앉을 수 있는 사람과 그렇지 못한 사람이 행사할 수 있는 권력에는 커다란 차이가 있음을 자리 배치가 말해준다.

배치의 지리학은 '지금 여기'의 일상 공간을 대상으로 한다. 같음의 지리학이나 다름의 지리학도 '지금 여기'의 일상 공간에 관심을 갖지만, 배치의 지리학은 그 공간의 구성 요소들의 접속에 주목한다. 같음의 지리학과 다름의 지리학이 경관이 놓여 있는 '맥락'을 통해서 의미를 발견하고자 한다면, 배치의 지리학은 일상 공간 안으로 들어가 일상적인 삶의 실천 과정에서 발견되는 미세한 공간 배치의 차이에 주목한다. 일상을 사는 인간을 둘러싸고 있는 공간 배치의 의미를 파악하고자 한다. 공간 배치의 역학에 대한 이해가 전제될 때 인간을 둘러싸고 있는 일상 공간의 의미 체계에 대한 독해도 깊어진다. 자신을 투사하면서 살아가고 있는 공간이 가진 자의 힘의 논리에 따라 배치돼 있고, 그래서 자신이 장기판의 졸처럼 살아간다고 생각한다면, 인간은 참을 수 없는 존재의 가벼움에 맞닥뜨리게 된다. 종종 계산대를 중앙에 배치하고 출구와 입구를 제한한 상점이 있다. 상점 측의 편의를 위해 손님들의 행동을 제한하는 경우다. 출구와 입구를 사용해야 하는 경우, 우리는 저항도 하지 못하고 그 공간을 소비한다. 행동이 제약받고 있다고 생각하기보다는 그냥 원래 그런 것이라고 생각하면서 그 공간을 소비한다.

배치의 지리학은 일상 공간 속 미세한 떨림의 의미를 발견하고자 한다. 미세하고 자잘한 울림이지만 그것이 견인하고 있는 의미 체계를 천착한다. 일상의 미세하고 조용한 울림은 삶에 극적인 변화를 가져오지는 않을지라도, 적어도 지속적으로 영향을 주고 있다는 점에서 중요하다. 그것이 배치의 지리학을 다루는 이유이다. 일상의 작은 울림이나 떨림 혹은 일상의 작은 주름의 펼침과 접힘은 곧 삶의 변화를 반영한다. '지금 여기'에서 일상을 살고 있는 사람들의 삶은 다양한 공간 배치의 장에 위치하고 있다. 끊임없이 새로운 의미를 생성하며 탈주를 꿈꾸는 현대인의 삶에서 공간 배치는 자신의 현재를 가늠하게 해준다.

1. 여성이 권력(?) ─ 아파트

흔히 우리나라를 '아파트 공화국'이라고 한다.[43] 프랑스의 지리학자 줄레조Valérie Gelézeau는 서구의 대단지 아파트 모델이 실패로 귀결된 반면 한국에서는 어떻게 모든 계층이 선호하는 이상적 주거 형태가 될 수 있었는지를 묻는다. 그리고 한국의 아파트 모델이 얼마나 지속될 수 있을지에 대해서도 궁금해한다. 그녀의 표현대로, 미학적 기준에 반하는 도시 경관을 양산해내고 지리학에 반하는 도시를 건설하고 있는 한국의 사례는 유별난 것이다. 프랑스 지리학자의 시선으로 본 한국의 아파트는 어쩌면 서구 지향적인 삶에 매몰된 문화를 상징하는 경관이다. 우리의 주된 주거 양식은 과거에는 울타리가 있고 마당이 있는 단독 주택이었지만, 20세기 후반에 오면서 많은 사람이 함께 거주하는 공동 주택으로 바뀌었다.[44]

아파트는 시골과 도시를 구분하지 않는다. 그런 점에서 아파트는 같음의 지리학의 대상이다. 아파트는 도시의 특성이나 시골의 특성을 반영하지 않기 때문에 어디에 들어서는가에 상관없이 경관이 동일하다. 그래서 한국을 아파트 공화국이라고 부른다. 어디를 가도 언제나 똑같은 아파트를 볼 수 있다. 들에도 산에도 강북에도, 강남에도 아파트가 있다. 땅값 차이 때문에 서울 강남의 아파트는 비싸고 시골의 아파트는 싸다. 하지만 강남 아파트에 사는 사람과 시골 아파트에 사는 사람은 아파트라는 동일한 공간에 거주하고 있다는 점에서 경관상 평등하다. 어쩌면 그것은 우리 사회가 추구하는 평등의 한 단면인지도 모른다.

본래 아파트는 도시적 삶을 규정하는 거주 양식이다. 아파트는 도시인만의 생활 양식을 생산하며, 도시인을 '구별 짓는' 준거가 되기도 한다. 가령 아파트는 구별 짓기를 통해 학군에 영향을 미친다. 넓은 평수의 아파트에 살고 있는 사람은 자신의 아이가 임대 아파트에 거주하는 아이와 같은 학교에 다니는 것을 싫어한다. 그 결과 학군의 게리멘더링45이 일어난다. 학교에 다니는 아이들의 친구 관계도 아파트 평수의 영향을 받는다. 아이들은 이미 만나는 친구가 정해져 있다. 같은 평수의 아파트에 사는 아이, 같은 학교를 다니는 아이, 같은 학원을 다니는 아이로 말이다.

아파트 거주가 보편화되기 이전에는 주인집에 전세나 월세로 함께 거주하는 이들이 있었다. 주인집 아이와 세 든 집 아이는 같은 학교를 다녔고 친구가 되어서 함께 놀았다. 그러면서 그들은 서로를 이해하는 방식을 배워갔을 것이다. 서로 다른 계층을 이해하는 방식을 학교 교육을 통해서가 아니라 일상의 삶을 통해서 배웠을 것이다. 그러나 지금은 아파트 평수로 학군이 정해지고 만나는 친구가 정해지면서 그런 것을 기대할 수 없게 되었다. 서로 다른 계층 간의 이해가 단절되어가고 있는 것이다.

학교에서는 계층 간의 상호 이해를 가르친다. 하지만 아이들은 서로 다른 삶의 문화를 단지 문자로 배울 뿐, 일상에서 배우지 못한다. 다른 계층의 사람을 이해하거나 배려해야 한다는 것을 머리로는 인식할지 모르지만, 마음으로 받아들이지는 못한다. 따라서 다른 계층에 대한 이해는 피상적일 수밖에 없다. 넓은 평수의 아파트에 거주하는 아이에게 좁은 평수의 아파트에 거주하는 아이의 생각과 삶은 이해의 대상이 되기 어렵다.

시선을 아파트 내부로 돌려보자. 대부분의 아파트는 방, 주방, 화장실, 거실 등의 구성 요소로 이루어져 있다. 과거의 아파트는 안방 중심의 공간 배치를 지향했다. 이는 전통적인 가부장제 문화가 그대로 적용된 것이다. 가장 넓고 좋은 곳에 안방이 놓이고, 그다음에 작은방, 거실, 주방, 화장실 등이 배치된다. 안방에 거주하는 사람의 동선을 고려하여 그 사람이 가장 편리하게 움직일 수 있도록 공간을 배치한다. 안방은 아파트의 가장 안쪽에 위치하며, 화장실은 가장 바깥에 위치한다. 이런 공간 배치는 전통적인 주거 양식이 아파트로 옮겨 가면서 나타나는 과도기적인 현상이었다. 핵가족이 보편화되고 전통적인 가부장 문화가 해체되고 있지만, 아파트의 배치에서는 여전히 이런 과도기적인 경관을 확인할 수 있다. 가부장 중심의 배치에서는 가장인 아버지가 잠을 자는 안방이 아파트의 중심이자 권력의 공간이다. 여기에는 아파트에서 일상을 소비하는 주부들의 공간에 대한 배려는 없다.

그러나 최근 아파트의 공간 배치는 많은 변화를 보이고 있다. 안방 중심의 배치가 아니라 주방 중심의 배치로 바뀌고 있다. 이는 가사를 여성에게만 부담 지우지 않고 가족 구성원 모두가 분담할 수 있도록 한 배치이다. 가부장으로서의 남성을 중심으로 하는 배치가 여성을 '배려'하는 배치로 바뀐 것이다. 이처럼 여성의 전유 공간인 주방이 거실과 연계되어 아파트의 중심이 되었다는 사실은 우리 사회의 변화된 인식을 반영한다. 가정과 사회에서 여성의 위상이 높아졌음을 반영하며, 여성을 배려하고자 하는 사회적 차원의 인식을 반영한다. 또 다른 측면에서는 가정에서의 권력이 어느 한 성性에 의해 독점되던 시대가 지나갔음을 반영한다.

아파트의 이런 배치의 변화는 아파트 건설 자본에도 영향을 준다. 건설 회사는 아파트를 여성의 전유 공간으로 인식하고 짓기 시작한다. 여성의 취향을 고려해 여성의 욕구를 충족시켜줄 수 있도록 공간을 꾸미고자 한다. 그리고 여성의 생활 공간을 다른 공간에 비해 세련되고 멋지게 장식하려고 노력한다. 이제 여성이 아파트 마케팅의 주된 대상으로 부상하고 있기 때문이다. 어떤 건설업체에서는 남편이 일찍 들어오는 아파트라는 광고 카피까지 만든다. 매일 술에 취해서게 귀가하는 남편들에 대한 아내의 불만에 초점을 맞춘 이 광고 카피는 실제로 많은 효과를 보기도 했다. 여성을 아파트 구매 주체라고 인식한 건설업체들이 여성의 마음을 끌기 위한 다양한 전략들을 세우고 있는 셈이다. 여성이 전유하는 공간으로서의 아파트에서는 일상 권력이 남성에게서 여성에게로 옮아간다. 그 일상 권력의 이동을 대변하면서 여성의 기호에 맞춰 아파트의 배치가 변하고 있다. 이제 여성이 아파트를 선택하는 주체이자 '권력'이므로 그들의 눈높이에 맞고 그들의 생활에 편리하도록 아파트의 배치가 변화한다.

그러나 아파트의 배치가 여성 중심으로 변화하는 것이 정말로 높아진 여성의 위상과 여성에 대한 배려를 반영한 것일까. 다시 한번 되물어보자. 가사 공간을 중심으로 아파트의 배치를 바꾸고, 가사 공간을 세련되고 기능적으로 꾸미는 것이 여성을 배려하는 것일까. 아파트를 여성의 전유 공간으로서 여성 중심으로 꾸미는 것은 오히려 여성을 아파트라는 공간에 가두기 위한 전략은 아닐까. 자본이, 남성 권력이 울타리를 조금 더 근사하고 멋지게 만들어, 여성으로 하여금 자신이 울타리에 갇혀 있음을 인식하지 못하게 하는 것은 아닐까.

아파트 광고에 등장하는 여성은 멋지고 편안한 아파트만을 고집하는, 소비에 매몰된 주체의 이미지로 비친다. 아파트 광고가 여성을 멋지고 예쁜 아파트에 목매는 생각 없는 소비 주체로 몰아가고 있는 듯하다. 아파트 건설사는 가사 공간을 세련되고 멋진 인테리어로 장식해주면 여성들이 행복해하고 즐거워할 것이라고 기대한다. 가족들이 거실에서 쉬는 동안에 여성들이 가사 노동을 하면서 느꼈을 소외감을 보상해주기 위해 주방을 중심으로 아파트 내부를 배치하면 여성들이 만족해할 것이라고 예상한다. 이렇게 멋진 인테리어로 장식된 아파트는 외출을 허락하지 않는다. 다른 공간의 편안함을 아파트로 옮겨놓았기 때문이다.

그러나 가사 공간이 세련되고 기능적으로 꾸며져도 여성의 가사 부담은 줄어들지 않는다. 여성은 자신의 멋지고 세련된 둥지를 유지하기 위해 더욱 가정을 꾸미고 돌보는 일에 몰두한다. 다른 집보다 더 멋진 인테리어를 하기 위해 애쓰고, 멋진 인테리어를 깨끗이 유지하기 위해 땀을 흘린다. 그러다 보면 여성의 가사 부담은 늘어나게 된다. 따라서 아파트의 변화된 공간 배치는 여성을 배려한 것이라기보다는, 오히려 세련되고 멋진 공간에서 살기를 바라는 남성의 욕망을 투영한 것이라고 할 수 있다. 여성은 자신의 일상이 이루어지는 공간을 중심으로 아파트의 배치가 바뀌었기 때문에 삶에서 기능적으로 편안함을 느끼지만 그 편안함을 유지하기 위해 더욱 많은 시간을 가사에 투자해야 하고, 남성은 그로 인해 전보다 더욱 편안한 일상을 보내게 된다. 오늘날의 아파트가 보여주는 '여성을 위한 배치'는 실은 여성을 제외한 다른 가족 구성원이 더 편안함과 안락함을 누리게 되는 그런 공간 배치인 것이다.

2. 자본이 문화를 사다 ― 백화점

백화점은 잡화 상점이다. 하지만 고가의 잡화를 취급하고 있다는 점에서 동네 구멍가게와는 다르다. 비싸고 쉽게 구할 수 없는 물건을 파는 공간이기 때문에 그곳을 이용하는 사람도 제한적인 경우가 많다. 물론 백화점의 경우 이제는 많은 사람이 일상적으로 소비하는 공간이 되어버렸지만, 여전히 백화점에 가는 것과 재래시장에 가는 것은 사람을 구별 짓는 잣대로 느껴진다. 백화점에 가는 사람과 재래시장에 가는 사람 간의 구분은 단순하게는 경제적 여유와 부의 정도를 반영한다. 많은 사람이 재래시장을 외면하고 백화점이나 대형 마트에서 먹을거리 같은 것을 사는 것도 다른 사람에게 보이는 자신의 모습을 의식하기 때문이다. 재래시장에 가는 사람은 왠지 구세대 같고 나이 들어 보이지만, 대형 마트나 백화점에서 장을 보는 사람은 신세대처럼 보이며 젊게 살고 트렌드를 읽는 사람처럼 보인다.

그것이 현실이 아닐지라도 이미 텔레비전을 비롯한 미디어가 그런 이미지를 사람들의 의식 속에 구겨 넣고 있다. 사람들은 자신이 어떤 공간을 이용하는가에 따라 자신의 지위가 드러난다고 생각한다. 그렇기 때문에 무리를 해서라도 백화점을 이용하고 싶어 한다. 상징적인 가치를 사기 위해 현실적이고 경제적인 가치를 외면한다. 타인과의 '구별 짓기'

를 통해 자신이 남들과 다른 취향과 문화를 소비하며 다른 세계에 살고 있다는 것을 자신이 일상적으로 소비하는 공간을 통해 보여주고 싶은 것이다. 그러니 아무리 재래시장이 구조 변경을 하고 좋은 제품을 싼값에 소비자에게 제공한다고 해도, 젊은 사람은 재래시장에 잘 가지 않는다. 재래시장이라는 공간이 갖고 있는 이미지가 자신들과 맞지 않다고 생각하기 때문이다.

그런 점에서 재래시장을 살리기 위해서는 단지 환경을 개선하는 것 이상의 노력이 필요하다. 재래시장의 외관을 현대적으로 바꾸는 것만으로는 젊은 소비자를 유인할 수 없다. 재래시장이라는 기호가 던져주는 이미지는 여전히 전통적이고 후진적이다. 재래시장을 활성화하기 위해서는 무엇보다 재래시장이라는 공간에 대한 인식을 바꾸는 것이 필요하다. 가령 재래시장은 친환경적인 공간이라는 인식을 심어주는 것도 한 방법이다. 재래시장은 친환경 농산품을 파는 공간이고, 그곳을 이용하는 사람은 로하스Lohas족을[46] 비롯한 생태적 마인드를 갖고 있는 사람이라는 이미지를 유포하는 것이다. 재래시장은 전통적이고 불편한 공간이 아니라 느리게 사는 사람을 위한 공간이고 환경 친화적으로 살고자 하는 사람의 공간이라는 이미지를 심어주면 어떨까. 이런 식으로 재래시장의 새로운 이미지를 만들고 유포함으로써 재래시장이라는 공간의 상징 가치를 높이면 재래시장은 거듭날 수 있을 것이다.

백화점은 재래시장과는 다른 가치 체계를 생산하는 공간이다. 백화점은 젊은 세대나 가진 자의 전유 공간이다. 각 백화점은 가진 자를 유인하기 위해 여러 가지 시도를 한다. 문화와 소비 행위를 결합하는 것도 그중 하나다. 대부분의 백화점은 소비자의 쇼핑 공간을 쾌적하게 만들기 위한 노력을 한다. 그뿐 아니라 백화점 맨 위층에서 문화 강좌를 열어, 문화를 매개로 이윤을 창출하는 노력도 한다. 문화 강좌를 백화점의 제일 꼭대기 층에 배치하는 것은 꼭대기까지 가는 동안 백화점을 둘러보게 한다는 계산에서다. 백화점은 이처럼 재래시장에 비해 더 치밀한 이윤 추구 전략을 구사하고 있다. 재래시장에서는 북과 장구를 치고 재주를 넘으면서 상품을 팔지만, 백화점에서는 그런 것이 통하지 않는다. 백화점은 그런 행위를 허락하지 않는다. 백화점은 재래시장에 비해 높은 부가 가치를 추구하기 때문에 상품의 가치에 부합하는 고도의 전략을 필요로 한다.

백화점이 운영하는 문화 강좌는 초등학교 교과서에 설명된 것처럼 백화점의 또 다른 기능이 아니다.[47] 백화점의 문화 강좌는 소비 행위를 강화하기 위한 또 다른 상품일 뿐이다. 자본이 이윤을 더 많이 창출하기 위해 만든 또 하나의 기제가 바로 문화 강좌이다. 문화 강좌는 백화점을 찾는 사람의 문화적 소양을 높이기 위한 것이 아니라 이윤을 창출하기 위한 것이다. 재래시장에는 이런 기능이 없다. 그렇기 때문에 초등학교 교과서에서 재래시장의 모습은 전통적인 방식으로 물건을 파는 삽화나 사진 등으로 제시되는 데 비해, 백화점의 모습은 문화 강좌를 찾은 여성이 꽃꽂이를 하는 사진 등으로 제시된다. 이는 백화점은 경제적 행위 이외의 다른 행위를 할 수 있는 공간이지만 재래시장은 단지 물건을 사는 것밖에 할 수 없는 공간이라는 인식을 심어준다.

하지만 재래시장과 백화점의 차이보다 백화점 간의 차이가 더 심하다. 문화 강좌를 통해 백화점을 이용하는 고객의 가치를 높여주려는 노력은 오히려 소극적인 전략이라고 할 정도로, 오늘날 백화점은 다양한 전략을 구사한다. 특히 치밀한 공간 배치를 통해, 고객의 수준을 유지시키면서 그것을 담보로 이윤을 챙기려 노력한다. 분당의 삼성플라자는 기존의 백화점과는 다르게 문화에 대한 관심을 도발적인 공간 배치로 재현해 주목을 받았다. 삼성플라자는 백화점이지만, '플라자'의 의미를 십분 활용하고 있다. 총 7층인 건물에서 4층까지는 어디서나 1층의 플라자를 내려다볼 수 있도록 설계했다. 그리고 1층의 열린 광장에서는 연극이나 연주회 등 기획 공연을 마련하여, 백화점을 찾는 사람은 단지 물건만 사러 오는 것이 아니라 백화점이 무료로 제공하는 문화 행사를 소비하기 위해 오는 것이기도 하다는 인식을 갖게 한다. 그래서 삼성플라자를 찾는 사람은 단순하게 백화점을 찾는 사람과의 구별 짓기를 통해 자신들이 더욱 풍요롭고 여유 있는 삶, 다른 사람과 구별되는 삶을 살고 있다고 느낀다. 삼성플라자는, 백화점 이용 고객의 접근도가 가장 높아 비싼 물품을 전시해야 할 공간을 비워놓고 거기서 문화 행사를 연다. 이는 이윤 창출을 포기하는 것이 아니라 더 많은 이윤을 창출하기 위한 새로운 전략이다. 드러나지 않고 은밀하게 이윤을 창출할 수 있는 방법이다.

백화점의 공간 배치는 백화점을 소비하는 나를 나 자신이 어떻게 인식하고 있는지를 재현해주는 기호이다. 소비 행위에 매몰된 사람이 아니라, 문화를 소비하는 교양 있는 주체로 나를 인식하게 해주는 것이 백화점의 공간 배치가 감추고 있는 전략이다. 백화점은 직접적으로 소비자를 자극하는 것이 아니라 소비자가 자극받기를 기다린다. 소비자가 자신이 다른 사람과 구별되는 사람임을 확인하는 순간 소비가 촉진될 것이라고 믿는다. 그리고 실제로 백화점을 찾는 사람은 그 기대에 부응한다. 공간 배치에서 드러난, 문화로 포장된 백화점의 상술이 먹혀드는 것이다.

백화점의 공간 배치는 그런 점에서 쉽게 읽힌다. 백화점이 소비를 촉진하기 위해 1층의 화장실을 없애고 시계를 없애던 시대는 지나갔다. 이제 백화점은 공간 배치에 변화를 줌으로써 소비를 유도하고, 그 결과 더 높은 이윤을 창출한다. 경제 행위와 문화를 결합한 배치를 통해서 더 많은 이윤을 추구한다. '문화적 전환cultural turn'의 시대에 백화점이 보여주고 있는 공간 배치는 문화가 우리 삶에 얼마나 깊숙하게 침투해 있는지를 가늠하게 한다.

그렇다면 백화점이 문화를 또 하나의 상품으로 유통시키는 이유는 무엇일까? 하비는 포스트모던 시대의 자본은 더 많은 이윤을 추구하는 데 매몰되지 않고, 문화와 미학적 요소를 결합해 새로운 경관 이미지를 생산하는 데 주력한다고 본다. 내가 소비하는 공간을 다른 공간에 비해 조금 더 아름답게 만들고, 새로운 생활 양식을 만들어내는 데 관심을 갖는다는 것이다. 스타벅스는 커피 주문서에 영어가 아닌 이탈리아어를 사용하고, 다른 커피 가게와 구별되는 멋지고 근사한 인테리어를 하고, 그곳에서만 접할 수 있는 문화 상품을 만들어냄으로써 높은 이윤을 창출하고 있다. 스타벅스는 문화의 소비자가 아니라 문화의 생산자를 꿈꾼다. 스타벅스를 통해서 유통될 수 있는 문화 상품을 만들고, 스타벅스에 오는 사람들에게 그것을 즐길 권리를 줌으로써, 그들이 스스로를 한층 높은 문화 의식을 갖춘 사람으로 인식하게 한다. 스타벅스는 커피를 파는 공간이지만, 그 공간의 의미를 단순히 커피를 파는 공간이 아니라 문화를 소비하는 공간으로 변환시키고 있다. 다른 공간과의 구별 짓기를 통해, 소비자들 스스로가 자신들을 스타벅스에 가는 사람과 그렇지 않은 사람으로 구별하게 하려 한다. 또 스타벅스 커피를 마시는 사람은 취향이 뚜렷하고 문화생활을 위해서 기꺼이 돈을 지불할 줄 아는 사람이라는 인식을 퍼뜨리려고 한다.

가격 경쟁을 통해 소비자들을 길들이던 시대는 지났다. 이제는 자본이 자신이 생산한 문화를 자신이 만든 공간에서만 접할 수 있도록 경계를 지어 다른 공간과의 구별 짓기를 시도함으로써 소비자들의 소비 욕구를 부추긴다. 경제의 중심이 상품의 유통에서 문화와 아름다움의 유통으로 대체되는 것이다. 포스트포디즘의 형태로 다품종 소량 생산 체제를 갖추고 소비자의 취향들을 만족시키려는 노력도 있지만 이것은 한계가 있을 수밖에 없다. 다양한 사람들의 취향을 다 고려하는 것은 애초부터 한계가 있기 때문이다. 오히려 내 삶의 질을 높이고자 하는 사람들에게 문화적 이미지와 미학적 이미지로 호소하는 것이 더 효과적이다. 새로운 삶의 양식을 만들어내고 새로운 삶의 트렌드를 생산하는 주체로서 나를 인식하게 하는 것은 무엇과도 비교할 수 없는 소비 유인책인 것이다.

백화점은 문화를 통해, 소비를 강요하는 것이 아니라 소비를 자극한다. "나는 쇼핑한다, 고로 존재한다"[48]라는 크루거 Barbara Kruger의 사진집 제목처럼 쇼핑이 현대인의 존재 이유가 된 시대에 우리는 살고 있다. 우리는 강요된 소비를 하기보다는 주도적으로 소비하며 살고 싶어 한다. 백화점은 그런 소비자의 욕구를 충족시켜가면서 더욱 많은 이윤을 내는 방법을 끊임없이 찾는다. 그 흐름을 따라 백화점의 공간 배치도 끊임없이 진화해간다.

3. 권위와 위엄을 드러내다 — 교회, 성당, 사찰

어느 화가가 그린 서울의 야경은 빨간색 십자가로 얼룩져 있다. 그만큼 우리 일상 가까이에서 자주 접할 수 있는 공간이 교회나 성당이다. 교회나 성당은 십자가가 아니더라도 주변 건물과 구별되는 외관을 갖고 있다. 높고 뾰족한 기하학적 모양의 외관은 서양의 고딕 양식의 재현처럼 보이며, 교회나 성당에 다니지 않는 사람에게는 위압감을 주어 쉽게 접근할 수 없는 곳처럼 느끼게 한다. 이 같은 교회나 성당의 경관은 초기 신학자들의 생각을 대변하고 있는 듯하다. 그들은 (성서를) 읽는 것보다는 (교회나 성당을) 보는 것으로 신의 충직한 종이 되기가 더 쉬울 수 있으리라고 생각했다. 심지어 그들은 복음보다 타일 배치에서 더 많은 겸손을 배울 수 있으며, 성서보다 스테인드글라스 창에서 친절의 본성을 제대로 배울 수 있다고 보았다[49]

중세의 신학자들에 따르면, 교회나 성당에서 시각적인 요소는 사람들의 시선을 머무르게 하는 기능만 하는 것이 아니다. 오히려 교회나 성당의 멋지고 화려한 외관은 신의 공간을 표현하고 있는 것이다. 종교학자 엘리아데Mircea Eliade의 표현대로라면 교회나 성당은 신이 머무르는 성聖의 공간이고, 그것이 건축적으로 재현된 공간이다. 교회나 성당의 아름답고 멋진 경관이 부패하고 게으른 사람들로 하여금 착하고 열심히 살겠다는 결의를 다지게 하는 역할을 할지도 모른다고 생각한 중세의 신학자들은 건축의 역할에 많은 비중을 두고 계속적으로 연구하고자 했다.50

교회나 성당의 내부로 들어가보자. 교회나 성당은 십자가를 중심으로 목사(신부)-성가대-일반 신도가 계열화된 배치를 보인다. 목사(신부)-성가대-일반 신도의 배치에 어떤 종교적 의미가 담겨 있지 않다 하더라도, 이러한 공간 배치는 종교가 갖고 있는 권위나 위엄을 그대로 드러낸다. 목사나 신부를 중심으로 하는 공간 배치는 그들이 종교를 대표하는 사람임을 부인할 수 없게 만든다. 일반 신도가 예수님이나 하느님을 대신해서 목사나 신부에게 존경심을 갖도록 공간적으로 재현된 배치다. 또 목사나 성가대는 교리상으로 하느님의 말씀을 전하거나 천상의 목소리를 전하는 임무를 맡고 있다. 그렇기 때문에 그들은 다른 평신도와는 구별되는 공간을 부여받는다.

교회나 성당의 이 같은 배치는 오늘날에만 해당되는 것이 아니다. 중세 교회의 공간 배치 역시 사회적 위계질서를 반영한 것이었다. 이는 성가대가 일반 신도보다 더 신에게 가까이 있어서 보다 많은 신의 은총을 받을 수 있다는 인식에서 그대로 드러난다.[51] 이 같은 배치를 세심하게 살펴보면, 중세에도 비슷했겠지만, 목사나 신부가 설교하는 곳은 성가대나 일반 신도가 있는 곳보다 높다. 많은 사람에게 하느님의 말씀을 전달하기 위해서일 수도 있지만, 이런 배치는 그러한 기능적인 차원을 넘어선다. 이런 배치는 종교적으로 성직자를 일반 신도와 구별 짓는 하나의 방법일 수 있으며, 그러한 구별 짓기를 통해 성직자는 일반 신도와는 다른, 권위와 위엄을 갖춘 하느님의 대리자임을 상징적으로 보여준다. 중세의 신학자들이 시각적 영역과 윤리적 영역이 동등하다는 믿음으로 성당의 경관에 관심을 갖고 있었던 것처럼,[52] 공간 배치를 통해 종교 내 위계질서를 재현한 교회나 성당의 모습은 권위적이며 위엄을 중히 여기고 있는 듯하다.

공간적으로 종교 내 위계질서를 재현한 교회나 성당은 차별적이다. 그 위계적 배치는 엘리아데의 생각처럼 교회나 성당을 성의 공간과 속의 공간으로 구분하고 있는 것 같다. 성스러운 공간에 살고 있는 사람은 숭배하는 대상 가까이에 배치되지만, 그렇지 못한 속의 공간에 사는 사람은 교단으로부터 먼 곳에 배치된다. 이런 배치에는 종교적 권위와 위엄이 반영되어 있다. 종교 권력을 중심으로 공간이 배치되어 있는 것이다. 이는 성의 공간에 거주하는 종교적으로 정상화된 사람과 속의 공간에 거주하는 종교적으로 타자화된 사람을 구별하는 배치이다. 성과 속을 구분하는 듯한 교회나 성당의 배치는 그런 점에서 차별적이다. 권력을 반영하고 있기에 차별적이고, 목사(신부)나 성가대를 일반 신도와 구분하고 있기에 차별적이다.

이런 공간 배치는 오늘날 종교가 갖고 있는 부작용을 예고하는 것이었을지 모른다. 우리는 성직자가 표방하는 이념과 실천 간의 괴리로 인한 종교의 부조리한 모습을 자주 목격한다. 그런 부조리한 모습이 종교성에 반하는 것임은 누구나 알고 있다. 신문이나 뉴스를 통해 종교의 부조리한 모습을 자주 목격하게 되는 현실과 관련해, 공간으로 재현된 이런 차별적인 의식에서 시사점을 찾을 수 있다. 종교가 지향하는 바와 현실에서의 실천에는 괴리가 있으며, 종교적으로 구현된 공간 배치가 위계적인 것은 결코 우연이 아닌 것처럼 보인다.

사찰도 교회나 성당의 경우와 크게 다르지 않다. 다만 사찰의 공간적 차별성은 교회나 성당과는 약간 차이가 있다. 교회나 성당이 그 내부에서의 차별적인 배치를 통해 구별 짓기를 하고 있다면, 사찰에서는 사찰을 구성하는 각 건물 간에 위계가 존재한다. 예불하는 공간에서는 승려와 일반 신도 간의 배치상의 구분이 거의 없어 보인다. 대웅전 안에는 승려의 공간과 일반 신도의 공간이 따로 구분되어 있지 않다. 단의 차이도 없고 따로 구획된 공간도 없다. 다만 승려가 불상 앞에 서고, 신도가 그 뒤에 선다는 것이 차별이라면 차별일 수 있다. 불교에서는 승려에게 설법을 듣는 것보다 스스로의 깨달음이 중요하므로 수직적인 공간 배치가 무의미하다. 각자 예불을 하면서 자신의 문제를 각자의 방법으로 해결해야 하기 때문에 불교에서는 처음부터 조직의 문제가 존재하지 않았을 것이다.

그러나 사찰을 구성하는 전각들 간에는 뚜렷한 구별이 존재한다. 사찰의 공간 배치는 보통 부처가 모셔져 있는 공간(대개의 경우 대웅전)을 중심으로 이루어진다. 대웅전을 중심으로 동심원의 형태로, 남북 방향의 수직적 형태로, 동서 방향의 수평적 형태로 가람伽藍이 배치된다. 고성 연화산 옥천사의 경우에는 대웅전을 중심으로 동심원의 형태로 가람이 배치되어 있다. 영주 부석사의 경우에는 무량수전을 중심으로 수직으로 가람이 배치되어 있다. 경주 불국사는 동서 방향의 가람 배치를 보이고 있다. 사찰에서는 배치의 방향이 중요한 공간과 그렇지 못한 공간을 구분한다. 사찰이라는 공간 자체가 부처의 이념을 재현하고 있는 공간이기에 사찰을 구성하는 '전展'과 '각閣'의 구별은 뚜렷하다. '전'은 불경에 나오는 사람을 형상화해 재현해놓은 공간이며, '각'은 민속신앙에 등장하는 신을 형상화한 건물이다. '전'은 대웅전 가까이에 자리하는 데 비해, '각'은 대웅전에서 먼 곳에 배치된다. 대웅전 가까이에 명부전, 응진전, 영산전, 극락전 등이 있

고, 대웅전으로부터 떨어진 곳에 산신각, 독성각, 칠성각, 삼
성각 등이 있다. 이렇게 본다면, 사찰의 경우에도 불교 경전
을 충실히 반영한 건물과 그렇지 못한 건물 간에 뚜렷한 차
별이 존재한다.

사찰의 전각은 불교가 우리 공간에 정착한 과정을 그대
로 재현하고 있다. 외래 종교가 들어와 토착 신앙과 상호 작
용한 것이 오늘날과 같은 전각의 배치를 낳았다. 단지 전각
을 통해서만 그것을 확인할 수 있는 것은 아니다. 사찰 마당
에 심어져 있는 오래된 성황당 나무도 불교가 우리 공간에서
어떻게 우리의 문화와 상호 작용하면서 정착했는지를 보여
준다. 부안의 내소사가 대표적인 예다. 부안 내소사에는 할
머니 성황당이 절의 입구에, 할아버지 성황당이 절집 마당에
있다. 성황당을 모시는 조상들의 민속 신앙과 불교가 결합된
모습을 보여주는 절집 구성이다. 결국 사찰에도 교회나 성당
과 마찬가지로 공간적 차별이 존재한다. 교회나 성당은 내부
의 배치를 통해 구별을 보여주고, 사찰은 전각의 배치를 통
해 구별을 보여준다는 차이만 있을 뿐이다.

교회나 성당, 또는 사찰의 공간 배치는 공통적으로 종교가
갖는 권위와 위엄을 표현하고 있다. 그 공간에서 성직자는
종교의 가르침을 이야기할 것이고, 일반 신도는 그런 성직자
와 자신을 동일시하고자 할 것이다. 종교적 공간 안에서 형
성된 이런 의례상의 위계가 일상생활 속에서도 성직자와 일

반 신도 간의 위계로 재현될 가능성을 배제할 수 없다. 성서 중심의 생활을 추구하는 무교회주의 기독교도들의 입장이 이미 이런 우려를 대변하고 있다. 교리상의 엄격한 의미 구분을 넘어 무교회주의자가 무교회당주의자로 받아들여지고 있는 현실은 어쩌면 종교 내 위계질서를 공간적으로 재현하고 있는 교회가 기독교의 이념을 제대로 담아내고 있지 못한 데서 비롯되었는지도 모른다. 본래의 의미에서의 '교회'[53]가 '교회당'이라는 공간의 의미로 둔갑하고, 언제부터인가 사람들이 그런 '교회가 모이는 공간'(교회당)에 가치를 부여해, 그곳을 호화롭고 멋지게 장식하는 데 치중하게 되면서 종교적인 의미는 퇴색되었는지도 모른다. 무교회주의자는 그것에 대한 비판을 보여주고 있는 것이다.

제 5 장 ——— **리좀의
지리학**

지리학을 정의한다며 지리학이란 어떠어떠하다는 식으로 개념을 닫아버리는 것은 곤란하다. 그런 닫음은 오히려 지리학에 내재되어 있는 다양한 일상적 조건을 배제하거나 제한할 뿐이다. 리좀의 지리학은 지리학을 개념적으로 닫지 않고 논리적으로 열고자 한다. 그동안 지리학에 내려졌던 정의를 제쳐두고 지리학이 무엇인지를 고민하고자 한다. 물론 지리학을 무엇으로 정의할 것인지에 대해 합의하는 것은 쉽지 않다. 땅을 기술하는 학문으로서의 '지리학geography'과 땅의 이치를 깨닫는 학문으로서의 '지리학地理學'은 처음부터 정의하기 어려운 것이었는지 모른다.[54] 혹시 지리학이 어떠어떠하다는 식의 닫힌 개념으로 지리학을 정의하면서부터 학문사회에서 지리학의 역할이 자연스레 축소된 것은 아닐까.

리좀의 지리학은 지리학이라는 개념을 열어서 기존 지리학의 울타리를 넘어 새로운 울타리를 치기 위한 것이다. 기존 틀을 넘어 지리학이 어떤 학문인지 다시 성찰할 수 있는 단초를 마련하려는 것이다. 이러한 지리학의 재영토화는 전통적인 지리학과의 단절을 의미하지 않는다. 그것과는 별개로 지금까지 지리학의 영토에 포함되지 않았던 구역을 지리학의 범주에 포함시킨다는 의미다. 영국의 지리학자인 존스턴Ron Johnston은 "모든 것에 공간이 있고, 공간에 모든 것이 있다"라고 말한다. 인간의 삶이 공간과 밀접한 관련을 맺고 있다고 할 때, 지리학의 영토는 삶의 모든 영역으로 확장될 수 있다. 그런 점에서 리좀의 지리학은 지금까지와는 다른 지리학의 면모를 보여주려 한다.

리좀은 뿌리줄기, 즉 수평으로 자라는 땅속줄기를 의미한다. 뿌리줄기에는 나무처럼 뿌리들을 하나로 모으는 중심 줄기가 없다. 뿌리줄기는 하나의 중심 줄기를 위해 존재하지 않는다. 개개의 뿌리 그 자체가 하나의 줄기요, 하나의 생명체이다. 뿌리줄기, 즉 리좀은 수직적인 위계가 아니라 개별적이고 횡적인 관계를 지향한다. 리좀은 어떤 면에서 각각 독립적인 나무인 셈이다. 지금까지 우리의 사고방식이 나무의 뿌리들처럼 하나의 중심 줄기를 지향하는 것이었다면, 이제는 리좀처럼 궁극적으로 도달해야 하는 어떤 중심을 버리고 '지금 여기'에서 사유하고자 하는 것에서 가치를 발견하고 의미를 부여해보자.

리좀의 지리학에는 지리학 전통을 존중하면서도 지리학을 굳이 어떤 하나의 개념으로 닫지 않았으면 하는 바람이 담겨 있다. 리좀의 지리학은 지리학의 수목 체계적인 위계성으로 인해 지리학의 범주에 포함되지 못했던 지리학의 뿌리줄기를 발견하고자 한다. 그리고 그것을 통해 지리학의 개념을 열고 지리학을 재영토화하고자 한다.

1990년대 이후의 '공간적 전환'은 공간이 사회 현상을 설명하는 중요한 인식소임을 천명한다. 포스트모던 시대에 공간은 삶을 이해하는 지름길 역할을 한다. 언어학적 전환을 통해 수없이 생산된 다양한 기표가 공간에 따라 다른 의미 체계를 구축한다. 기표의 외연과 내포는 그 기표가 어떤 공간에서 생산되었는가에 따라 달라진다. 그렇기에 공간은 하나의 전환점 역할을 한다. 그것을 통해 우리는 오늘을 사는 사람들의 삶을 천착할 수 있다. 사람이 어떻게 살고 있는지, 삶에 어떤 의미를 부여하면서 살고 있는지를.

지금까지 지리학자가 공간을 바라봐온 방식은 단순하다. 공간을 기능적이고 과학적인 관점에서 바라본다. 과학으로서의 지리학을 지향하는 시선은 의미의 차원에서 공간에 접근하는 것을 용납하지 못한다. 공간에 존재하는 사람에게 공간의 의미가 서로 다름을 인정하지 않는다. 단지 법칙이나 원리를 찾으려 하고, 인과 관계에 근거해 인간의 삶을 설명한다. 그래서 '하나의 공간a space'을 대상으로 하나의 관점으로 지리학을 연구한다.

이것은 서양화에서 볼 수 있는 공간의 의미와 크게 다르지 않다. 서양의 원근법적 공간은 과학적 공간이다. 과학의 공간은 인간의 구체적인 경험을 단순화한다. 이는 관점의 단순화와 관련 있다. 이러한 관점은 경관을 인간에게서 분리시킨다. 그 결과 인간의 경험 사실에 대한 왜곡과 빈약화가 발생한다. 그러나 이보다 더 중요한 것은 경험자인 인간이 단순화된다는 사실이다. 육체와 욕망을 소유한 주체로서의 자아가 소거된다. 나아가 사회와 문화 그리고 자연의 신비에 유연하게 노출되어 있던 자연스러운 자아가 억압된다.[55]

리좀의 지리학은 시선의 단순함을 지양하며, 관점의 다양함을 지향한다. 이를 통해 다양한 공간에 거주하고 있는 인간에 대한 이해에 한 걸음 다가갈 수 있는 지리학으로 자리매김하고자 한다. 자연 과학과 정신 과학의 명실상부한 교량 학문으로서의 지리학의 위상을 찾고자 한다. 또한 사회 과학으로서의 지리학의 범주를 넘어 '인간학humanities'으로서의 지리학으로 자리매김하고자 한다. 본래 지리학은 강 건너에 누가 살고 있는지, 그들은 무엇을 먹고 어떤 집에 살고 있는지를 묻는 학문으로서, 인간의 삶에 어떤 학문보다 많은 관심을 갖고 있었다. 삶에 관심을 갖고 사람들이 살아가는 모습에 대해 주절주절 이야기할 수 있는 학문이어야 인간학일 수 있다. 인간학으로서의 지리학은 인간의 삶을 평균적이고 객관적으로 설명하는 것이 아니라, 사람들이 어떤 내력을 갖고 살아왔으며 그들이 살아가는 공간은 어떤 내력을 갖고 있는지를 떠들 수 있어야 한다. 그 공간의 쓰임새만 파악하는 것이 아니라, 그 공간에 퇴적되어 있는 인간의 이야기를 구성할 수 있어야 하고, 그 이야기에 주목해야 한다. 그래서 리좀의 지리학은 '이야기narrative' 구성을 지향한다.

이야기는 공간마다 다르다. 서양 설화에는 나쁜 마법사가 자주 등장하지만, 우리 설화에는 계모가 단골로 등장한다. 이야기 방식이 다르고 이야기를 전개하는 양상도 다르다. 삶이 다르기 때문에 이야기도 다르다. 나아가 각 공간에 살고 있는 인간의 삶에 관심을 갖는 것은 공간을 전제로 사회적인 현상을 이해하는 과정이기도 하다. 공간을 기반으로 지식이나 제도를 이해하는 것이다. 삶의 방식의 차이는 설화나 전설에 영향을 미치는 것 이상으로 지식이나 제도에 상당한 영향을 미친다.

리좀의 지리학은 닫힌 개념으로 지리학을 정의하는 것이 아니라, 지리학을 열어놓고 공간을 기반으로 삶을 이해하려 한다. 사람이 살아가는 이야기를 통해서 그들이 어떻게 살아가고 있으며 어떤 의미를 생산하고 있는지를 보려고 한다. 나아가 리좀의 지리학은 공간을 통한 인간에 대한 존재론적인 이해가 구체적인 차원에서 가능함을 보여주고자 한다. 아마도 이것이 칸트Immanuel Kant가 논리학만큼이나 자연 지리학을 많이 강의한 이유일 것이다. 전통적 지리학은 구체적인 삶을 통해 인간의 다양한 모습을 설명하려 하지 않았다. 지리학이 존재론적인 학문으로 자리매김하기 위해서는 하나의 수목 체계로서의 지리학에서 벗어나 인간의 삶만큼이나 다양한 뿌리줄기의 지리학에 관심을 기울여야 한다. 리좀의 지리하이 지향하는 것은 '지금 여기'의 뿌리줄기 모두를 지리학의 대상으로 삼고, 그것을 통해 각각의 공간에서 다양한 방식으로 살아가는 인간의 삶을 천착하는 지리학이다.

1. 근대화의 공간 — 반인권적이다

공간은 사회 발전과 무관하지 않다. 근대화 과정을 거치며 공간도 무수히 변모했다. 근대화의 과정은 합리와 효율을 지향하며, 도구적 이성을 무기로 비합리와 비효율을 제거한다. 공간에도 그러한 근대화의 흔적이 아로새겨지며, 때로는 그 공간에 남겨진 근대화의 흔적이 논란거리가 되기도 한다. 근대화가 합리성과 효율성을 추구하면서 나타난 인간 소외 현상은 공간에도 그대로 재현된다. 또한 근대화 과정에서 탄생한 공간은 획일적이고 기능적인 특징을 보인다.

근대화 과정에서 도시 경관은 근대적인 서구식 빌딩으로 채워졌다. 전통 공간을 보존하려는 노력은 취향의 모험으로 치부되었고, 서구식의 근대적이고 현대적인 경관으로 변화하는 것은 사회 발전의 지표로 인식되었다. 그 과정에서 일상 공간은 장소성을 잃어갔다. 이제 도시의 경관은 근대적인 서구 건물로 대체되었고, 도시 간의 경계도 흐려지고 있다. 일상 공간의 장소성에 근대적인 가치가 덧씌워지면서 우리의 정체성마저 위협받게 되었다. '지금 여기'의 일상 공간이 어떤 역사와 문화적 배경을 갖고 있는 공간인지도 파악하기 어려워졌다. 고궁 같은 전통적인 건물은 도시 속 섬으로 전락해 근근이 명맥을 유지해간다. 그나마 사람들이 휴식처로서 찾아와주니 무인도는 아니다. 서구적 근대 건물이라는 공간에서는 합리적이고 효율적인 삶이 가능하지만 전통 공간에서는 불가능하다는 인식이 확산되면서 공간은 점점 근대적인 건물들로 대체되어간다.

'지금 여기'의 일상 공간은 어디라고 할 것도 없이 네모난 사각형 건물로 가득하다. 건물의 모양새를 사각형으로 통일하라고 누가 지시한 것도 아닌데, 사각형 건물이 대량 생산되고 있다. 다품종 소량 생산 체제가 유행인 오늘날에도 사각형의 근대적 건물은 계속해서 도시의 여백을 메워간다. 사각형은 자투리를 없애고 여백을 제거하면서 효율적으로 공간을 구획한다. 사각형은 직선만을 허용하며, 곡선을 배제한다. 건물의 여백은 아름다움으로 인식되는 것이 아니라 비효율로 인식된다. 그 공간을 이용하는 사람이 누구인지와 상관없이 공간은 효율적으로 이용할 수 있도록 지어진다. 합리와 효율을 추구하는 근대화의 공간적 완성은 이렇게 사각형 건물을 통해 구현된다.

　이러한 근대화의 이념은 공공 기관의 건물에 더욱 철저하게 투사된다. 광화문과 과천의 정부종합청사는 물론이고, 가장 최근에 지어진 대전의 정부종합청사도 예외는 아니다. 국민의 세금으로 지은 공간이기에 한 푼이라도 헛되이 쓸 수 없다는 생각 때문이었을까? 최근에 지어진 지방 자치 단체의 청사들을 보면 지자체의 재정 능력에 걸맞지 않게 너무 크고 화려하다. 지자체들은 멋지고 세련된 건물이 자신들의 정체성을 드러내주고 있다고 생각하는 듯하다. 그래서 자기 지역의 장소성을 고려하지 않은 채 다른 지방 자치 단체보다 크고 멋지고 현대적인 건물을 짓지만 이런 건물 역시 근대적 이상에서 벗어나지 못한다. 외관이 사각형이 아닐지라도 효율과 합리를 지향하는 공공건물의 이념을 벗어나지 못한다.

　이처럼 근대 건물은 장소성을 묻지 않는다. 쓰임새만이 중요할 뿐이다. 그렇게 공간은 이용자가 아니라 건물주의 입장에서 구획된다. 그 공간을 이용하는 사람은 주어진 공간에 적응해야 한다. 공간을 구획한 사람의 의도에 따른 행동을 해야 하므로 이용자 개개인의 특성은 고려되지 않는다. 그저 공간이 허락하는 범위 안에 자신의 행동을 맞추어야 한다. 그 과정에서 공간과 인간의 관계가 전도된다. 공간이 인간을 위해 존재하는 것이 아니라, 인간이 공간을 위해 존재하게 되는 것이다. 이처럼 합리성과 효율성을 추구하는 과정에서 인간은 고려의 대상이 되지 못하고 소외된다.

근대 건물에는 공간 내 위계도 존재한다. 직급에 따라 사용하는 공간의 넓이가 다르다. 직급이 높은 사람과 낮은 사람은 공간을 통해 서로를 확인한다. 또한 직급과 위상에 따라 허용되는 공간과 허용되지 않는 공간이 존재한다. 귀빈실이 대표적인 예다. 일 년에 몇 번밖에 사용하지 않더라도 사각형의 근대 건물에서 이런 공간은 쉽게 볼 수 있다. 공항은 물론 문화와 예술의 상징인 세종문화회관에도 귀빈실은 있다. 효율과 합리성에 반하는 귀빈실 같은 공간이 이율배반적으로 버젓이 허용되고 있다.

근대화 과정에서 합리적이고 효율적인 시선은 규칙적이고 획일적인 공간 배치를 추구한다. 가진 자는 공간이 획일적이고 규칙적이어야 안심한다. 가진 자의 입장에서 규칙적인 것은 합리성을, 획일적인 것은 효율성을 의미한다. 그러므로 근대화의 공간은 인간의 권리를 존중하지도, 보장하지도 않는다. 합리와 효율이라는 근대적 이념을 추구하기 위해서는 개개인의 인권은 애초부터 고려의 대상이 되기 어렵다. 이런 근대적 이념은 '계단'에 재현되어 있다. 모든 건물에서 계단은 규칙적이고 획일화되어 있다. 계단 하나의 높이는 인체 공학적인 기준에 따라 정해진다. 하지만 그 인체 공학적인 기준이란 '정상적인' 남성의 보폭인 경우가 대부분이다. 그렇게 만들어진 계단은 어린이와 노인에게, 여성에게 버겁다. 그들은 공간이 만들어지는 순간부터 배제된다.

근대 건물에 설치된 계단은 애초부터 사회적 소수자를 배려하지 못한 공간이기에 장애우나 노인을 위한 공간이 별도로 설계되기도 한다. 정상적인 사람은 계단을 이용하고 장애우나 노인은 경사로를 이용하게 한다. 이 경사로는 사회적 소수자를 배려한 공간이지만, 좀 더 생각해보면 정상과 비정상을 구별 짓고 확인하는 공간인 셈이다. 구별이 불필요한 하나의 공간을 모색하기보다 기능적으로 별도의 공간을 마련한다는 것은, 매우 형식적이고 기표적인 차원의 배려이다. 하지만 그 제한적인 배려의 공간조차 공적인 영역에서만 찾아볼 수 있다. 사적 공간에서 사회적 소수자는 여전히 배제의 대상이다.

근대적 사각형 공간뿐 아니라, 우리가 일상에서 소비하고 있는 대부분의 공간도 인권을 고려하지 않는다. 인간의 자연스러운 행동을 고려한 공간은 그리 많지 않다. 우리는 학교나 공원의 잔디밭에도 마음대로 들어갈 수가 없다. 잔디밭을 가로지르면 빨리 갈 수 있어도 잔디를 보호해야 하기 때문에 돌아가야 한다. 누구를 위한 잔디밭인지 모르겠다. 그런 공간은 일상에 널려 있다. 인간을 위한 공간이라고 하면서도 인간을 소외시키는 공간이 일상 속에 퍼져 있다. 도구적 이성에 기초해 만들어진 공간은 대개가 그렇다. 합리성과 효율성을 추구하는 공간에서 인간은 주체가 아니라 관리나 통제의 대상이다. 근대화의 공간에서 인간은 늘 주체일 수 없다. 근대적 인간은 주체적인 자아의식이 강한 인간이다. 하지만 근대화 과정에서 생산된 공간에는 주체적인 개인이 존재하기 어렵다. 공간에 구속되는, 피동적인 개인만이 존재한다. 근대적인 사각형의 공간 안에 인간이 갇혀 있는 셈이다. 그 공간은 자아를 찾아가는 공간이 아니라, 자아를 포기해야 편안히 살 수 있는 공간이다.

우리 공간에서 볼 수 있는 근대화의 흔적은 규칙적이고 획일적이라는 것이다. 규칙적이고 획일적인 공간은 모든 사회적 약자의 신체적, 정신적 조건을 고려하지 않는다. 그런 점에서 근대화의 공간은 폭력적이다. 신체적으로 정신적으로 '정상적인 남성'이 아닌 사람에게는 더욱 그렇다. 그 공간을 통해 가해지는 일상의 폭력은 무섭다. 하지만 자신이 사각형의 폭력 공간에 갇혀 있음을 깨닫기란 쉽지 않다. 일상 공간에서조차 인간을 존중하고 배려하려는 문화를 찾기 어려우며, 근대화 공간은 이런 반인권적 공간을 양산한다. 인간이 공간에 적응하며 사는 삶은 분명 행복하지 않다. 공간이 인간을 위해 존재해야 한다. 인간을 위한, 인간에 의한, 인간의 공간으로 바뀌어야 한다. 인간의 기본적인 권리를 존중하는 공간을 기다려본다.

2. 광장— 등장과 소멸을 반복하는 무정형의 의미 공간

공간의 의미는 공간의 주체에 의해 달라진다. 누가 그 공간을 점유하느냐에 따라 그 공간의 의미가 달라질 수 있다. 누가 그 공간을 계획하고 만들었느냐와 무관하게 누가 그 공간을 점유하느냐에 따라 공간의 의미가 달라진다. 기능적인 안목으로 공간을 본다면, 이미 공간은 쓰임새가 정해져 있다. 그러나 어른에 의해 '홈 파인 공간straited space'[56]으로 규정되어 있는 공간이 어린이에 의해 '매끄러운 공간smooth space'으로 전유되듯이, 공간의 쓰임새란 공간을 점유하는 주체에 따라 달라질 수 있으며 공간의 의미 또한 마찬가지다. 공간의 의미만이 아니라 형태가 달라지는 경우도 있다. 물론 여기서 형태의 달라짐은 의미의 다름을 반영한다.

광장을 보자. 그 공간을 어떤 주체가 점유하느냐에 따라 광장의 의미는 달라진다. 2002년의 서울 시청 앞 광장은 붉은 악마의 공간이었다. 매카시즘적인 경향이 여전한 대한민국에서 붉은색 물결이 서울의 중심을 누볐다는 것이 역설적이기는 하지만, 2002년의 서울 시청 앞 광장은 대한민국 축구의 월드컵 4강 진출을 즐기는 사람들의 축제의 장이었다. 서울 시민을 위해 비워놓았던 공간을 붉은 악마가 전유함으로써 서울 시청 앞 광장은 2002년 당시 월드컵 경기장만큼이나 뉴스의 중심에 있었다. 월드컵 경기장에서의 승패만큼이나 서울 시청 앞 광장에 사람들이 어느 정도 운집했는지도 관심의 대상이 되었다.

본래 서울 시청 앞 광장은 대표적인 전시 행정의 공간이었다. 시장이, 시청이 자신의 존재를 드러내고, 자신이 서울 시민을 위해 열심히 일하고 있다는 것을 보여주기 위한 '위선의 공간'이요 '권력의 공간'이었다. 그런 공간이 2002년에는 '기쁨의 공간'으로 '환희의 공간'으로 변모했다. 그 공간을 전유한 붉은 악마는 광장이라는 공간이 갖고 있는 물리적 경계마저도 바꿔놓았다. 대한민국 축구팀을 응원하기 위해 모여든 사람들은 비좁은 서울 시청 앞 광장 너머의 차도를 점거하며 광장의 경계를 연장했고, 새로운 광장을 만들어냈다.

정형화된 광장이 아니라 응원단의 움직임에 의해 형태가 변하는 새로운 유형의 공간이 만들어졌다. 평상시에는 존재하지 않는 광장이 2002년 월드컵 기간 동안에는 등장과 소멸을 반복했다. 이때 경찰은 울타리가 되어주었다. 경찰의 울타리는 융통성이 있었고 허용적이었다. 경찰은 사람들의 움직임에 불편을 주지 않기 위해 노력했다. 경찰로 인해 붉은 악마가 만든 새로운 광장은 안전했다. 광화문을 오가는 차들도 기꺼이 광장을 점유하고 있는 사람들에게 차도를 양보했다.

그러나 2008년 여름, 서울 시청 앞 광장은 기쁨과 환희의 공간이 아닌 '저항의 공간'이자 '비판의 공간'으로 다시금 등장했다. 촛불을 든 시민이 모여 미국산 쇠고기 수입을 반대하는 저항의 공간이자, 일상의 민주주의를 억압하는 세력에 대한 비판의 공간으로 변모했다. 2002년처럼 이번에도 서울 시청 앞 광장은 좁았고, 저항을 위해, 비판을 위해 모인 사람들은 새로운 광장을 만들었다. 이번에도 경찰은 그들이 안전하게 촛불을 들 수 있는 경계가 되어주었다. 하지만 시간이 가면서 경찰은 2002년과는 달리 사람들을 옴짝달싹 못하게 하는 거대한 장벽이 되었다. 촛불을 든 사람이 자신의 생각을 표현하는 것을 기다려주지 않았다. 촛불을 든 사람을 받아들이지 못하고 그들을 끊임없이 튕겨냈다. 시민이 자신의 생각을 표현하고 스스로 해산할 때까지 기다리지 않았다. 오히려 경찰은 촛불을 끄기 위해 물을 부었다. 일상의 먹을거리가 위협받는 불안한 상황에 항의하기 위해 모인 시민들에게 물대포를 쏘아대고, 경찰 버스로 도로를 가로막으며 시민들이 더 이상 순수한 의지로 저항할 수 없게 했다. 광장이 담고 있는 의미가 달라지면서 경찰의 역할도 바뀌었다. 이처럼 공간의 쓰임새에 따라 경찰의 역할이 바뀐다는 것, 점유하고 있는 공간의 성격에 따라 경찰의 역할도 바뀐다는 것은 우울한 사실이다.

2002년의 경찰과 2008년의 경찰은 너무도 달랐다. 동일한 광장에 있었으면서도 그 역할과 임무는 너무도 달랐다. 하지만 경찰의 계속되는 차단에도 불구하고 서울 시청 앞 광장은 권력을 재현한 공간에서 시민의 힘을 보여주는 공간으로 변모했다. 권력의 제지와 차단에도 불구하고, 서울 시청 앞 광장은 진정한 일상의 민주주의가 위력을 발휘하는 공간으로 바뀌어갔다. 시민은 경찰이라는 물리력의 위협 앞에서도 굴하지 않고 촛불을 들고 있었다.

이렇게 무정형의 공간이 2002년과 2008년 서울 시청 앞 광장에 존재했다. 이 점에서 서울 시청 앞 광장은 명사가 아니라 '동사'이다. 광장의 쓰임새에 따라 모양새가 달라지고, 공간을 전유하는 주체에 따라 의미가 다르게 구성된다. 이처럼 공간은 하나의 고정된 형태로 인식될 수 없으며 하나의 고정된 의미로 규정될 수 없다. 공간을 전유하는 주체와 더불어 공간은 살아 움직인다.

'지금 여기'는 누군가에 의해 기능적으로 만들어진 홈 파인 공간을 그대로 사용하는 시대가 아니다. 자신의 욕구와 욕망을 표현하기 위해 새로운 공간을 만들어낼 줄 아는 공간의 프로슈머prosumer 57와 더불어 살고 있는 시대이다. 수없이 많은 홈 파인 공간이 매끄러운 공간으로 변화된다. 공간 생산의 주체가 어떤 의도를 갖고 공간을 만들었는지는 중요하지 않다. 공간이 생산되는 순간에 그 공간은 소멸한다. 공간의 의미가 소멸하고, 새로운 공간의 의미가 생산된다. 공간의 소멸을 넘어 공간이 그곳을 전유하는 사람에 의해 새로운 공간으로 다시 태어난다.

이런 무정형의 공간이 서울 시청 앞 광장에만 있는 것은 아니다. 축제가 한창인 중소 도시에서는 일상적인 도시 경관에서 볼 수 없었던 새로운 공간이 등장한다. 기능적으로 구획되어 있던 견고하고 딱딱한 공간이 지역 축제 기간 동안에는 경계가 없는 흐물흐물한 공간으로 변모한다. 기능적으로 경직되어 있던 공간이 이 기간 동안에는 각 공간에 부여된 본래 기능을 거부한다. 그리고 그곳을 전유하는 주체와 함께 새로운 의미로 거듭난다. 고수부지 주차장은 팔도의 먹을거리 장터로, 시내의 중심가는 전시의 공간으로 변모한다. 차가 다니는 도로는 한시적으로 차 없는 거리가 되어 다시 사람들을 맞는다.

축제에 참가한 사람들은 평소에는 경험할 수 없었던 새로운 공간을 경험한다. 축제는 새로운 공간을 통해서 자신을 드러낸다. 일상적인 공간을 비일상적인 공간으로 변모시키면서 축제의 이상을 공간에 담는다. 일상으로부터의 탈출을 꿈꾸는 사람을 위해 다양한 공간이 만들어진다. 일상의 홈 파인 공간이 매끄러운 공간으로 다시 태어난다. 기능적으로 홈이 파여 있었던 공간이 매끄러운 의미 공간으로 거듭난다. 이 무정형의 공간은 일정한 형태의 경관을 거부한다. 공간의 전유 주체에 따라 경관도, 스펙터클도 변화한다.

무정형의 의미 공간은 빠르게 변화하는 사회에 적응하는 삶을 재현하는 공간이며, 억압되어 있는 욕구를 표출하는 스펙터클한 공간이다. 일상의 홈 파인 공간을 매끄러운 공간으로 만드는 무정형의 공간의 등장과 소멸의 반복은 '지금 여기'의 우리 삶을 이해하는 데 의미 있는 연구 대상이다. 무정형의 공간은 일상적으로는 표현하지 못하는 우리의 생각과 욕구를 보여주는 공간이다. 일상적으로 존재하는 공간은 아니지만 우리의 생각과 욕구를 표현하기 위해 새롭게 만들어지는 그런 공간의 등장과 소멸에 지리학자는 주목해야 한다. 구획되고 틀 지어져 있는 공간에 대한 인식에만 관심을 갖지 말고, 등장과 소멸을 반복하는 무정형의 공간이 삶에서 어떤 의미를 갖는지를 탐색해야 한다.

우리의 일상에 늘 존재하는 공간은 대개 하나의 의미로만 읽히기 쉽다. 하지만 그런 공간이 무정형의 공간으로 거듭나는 순간 그 의미는 대체된다. 일상 공간의 의미를 일대일의 대응 관계로 묶을 것이 아니라, 무정형의 비일상적인 공간으로 변모할 수 있는 가능성에 주목하면서 공간의 의미를 열어야 한다. 공간이 갖고 있는 정형화된 의미를 천착하는 데서 벗어나 무정형의 공간이 갖고 있는 열린 의미에도 주목해야 한다. 무정형의 공간이 담고 있는 의미를 규정하기는 어렵다. 공간의 전유 주체에 따라, 사회적 맥락에 따라 그 의미는 달라진다. 우리가 공간에 자신을 투사하고, 끊임없이 무엇이 '되기becoming' 위해 삶의 변화를 추구하는 과정에서 만들어지는 무정형의 공간은 우리를 반영한다. 무정형의 공간의 등장과 소멸의 속도는 우리 삶의 속도를 반영한다.

3. 왜 광주인가 — 공간을 통해 기억하는 5·18

5·18 광주 민주 항쟁이 왜 광주라는 공간에서 일어났을
까? 한 해 전에 부마 항쟁이 있었으므로 오히려 부산과 마산
에서 민주 항쟁이 계속될 개연성이 높았을 텐데 5·18 민주
항쟁은 오히려 그 다음 해에 광주에서 일어났다. 왜 광주였
을까? 지리학자의 시선으로 광주 민주 항쟁을 바라볼 때 가
장 궁금한 질문이다. 광주라는 공간이 있고 그곳에서 민주
항쟁이 있었으므로 광주 민주 항쟁에 대한 많은 담론들이 생
산되었지만, 정작 왜 광주였는지는 묻지 않는다. 어쩌면 '왜
광주인가'라는 물음은 지리학자에게나 의미 있는 질문일지
도 모른다. 사람들에게 공간이 이미 하나의 전제로 주어져
있듯이 광주를 둘러싼 담론에서 광주는 이미 전제 조건인 것
이다.

사회 과학자들은 광주 민주 항쟁을 통해 광주를 이해하겠
지만, 지리학자는 광주를 통해 광주 민주 항쟁을 이해해야
한다. 그러나 사실 지리학자라고 해서 딱히 '왜 광주인가'라
는 질문에 답을 할 수 있을 것 같지 않다. 광주라는 지역이 갖
고 있는 어떤 지역성이나 장소성을 통해 광주에서 민주 항쟁

이 발생할 수밖에 없었던 이유를 설명할 자신이 없기 때문이다. 광주를 통해 광주 민주 항쟁을 이해하는 것도 쉽지 않지만, 광주라는 공간이 갖고 있는 지역성을 밝혀내는 것 자체도 쉽지 않다. 광주의 지역성이나 장소성에 대한 연구가 부족하기도 하지만, 광주라는 공간이 갖고 있는 모습이 다양해서 어디에, 무엇에 초점을 두는가에 따라 광주의 지역성과 장소성은 달라질 수 있기 때문이다.

그럼에도 광주를 통해서 광주 민주 항쟁을 거론하려는 것은 광주 민주 항쟁을 지역감정의 문제로 치부하려는 일부의 시선을 우려하기 때문이다. 그들의 시선은 광주 민주 항쟁을 우리 시대가 겪은 아픔이 아니라 광주 사람만이 겪은 아픔으로 환원해버린다. 광주 민주 항쟁의 시작에든 결과에든 지역감정의 문제를 결부시키는 것은 분명 문제가 있다. 단지 '광주'라는 도시명 때문에 광주 민주 항쟁을 지역적인 문제로 환원시키며 '지금 여기'에 있는 나와 상관없는 문제로 보아서는 안 된다. 광주 민주 항쟁은 비록 광주라는 한정된 공간에서 발생했지만, '지금 여기'의 한반도가 갖고 있는 현대사의 비극적인 사건으로 인식되어야 한다.

광주 민주 항쟁의 문제를 광주라는 공간의 문제로 제한하는 것은 '지금 여기'에 살고 있는 사람들의 심리적 부담을 덜어줄지도 모른다. 광주 민주 항쟁을 '지금 여기'에 살고 있는 우리의 문제로 인식하는 순간 광주 사람들의 아픔이나 슬픔

또한 우리의 것이 되기 때문이다. 실제로 광주 민주 항쟁을 다룬 영화 〈화려한 휴가〉의 김지훈 감독은 대구 출신으로서 광주 사람들에게 상당한 마음의 빚을 지고 살았다고 고백한다. 그리고 〈화려한 휴가〉를 만듦으로써 광주 사람들에게 진 빚을 어느 정도 갚을 수 있었다고 말한다.

하지만 이런 조심스러운 고백은 자칫 광주 민주 항쟁을 지역감정의 문제로 환원시킨다는 오해를 살 수도 있다. 광주 민주 항쟁을 지역감정의 문제로 바라보는 것은 광주 민주 항쟁을 우리의 문제가 아니라 영남과 호남의 갈등 문제로 환원하는 것이고, 더 나아가 광주라는 공간만의 문제로 왜소화하는 것이기 때문이다. 광주 민주 항쟁은 1980년의 한반도라는 공간이 응축하고 있었던 부조리한 문제에 대한 민중 저항이었기에, 이를 지역감정의 문제로 환원해 특정 공간의 문제로 치환하는 것은 편견이고 사실상의 '역사 왜곡'이다. 그러므로 지역감정의 시선으로 '왜 광주인가'를 해결하는 것은 옳지 않다. 영남과 호남의 지역감정은 정치와 경제 권력에 의해 만들어진 논리이지 호남과 영남에 살고 있는 사람들 본래의 일상 감정은 아니다. 정치와 경제 권력이 자신의 이익을 위해 견강부회한 논리인 것이다. 그러므로 지역감정을 영남과 호남에 살고 있는 사람들의 일상적 감성 구조인 것처럼 이야기하는 순간 광주라는 공간의 의미는 퇴색되고 만다. 생명을 던지면서 광주 민주 항쟁에 참여한 광주 시민 모두는 지역감정에 매몰된 사람으로 오해되고 만다.

광주 민주 항쟁이 민주 항쟁의 상징이 된 것은 광주를 대표하는 몇몇 사람만이 그 항쟁에 참여한 것이 아니기 때문이다. 광주 시민 모두가 광주 민주 항쟁의 주인공이었다. 광주 민주 항쟁의 주체는 광주 시민들이었다. 그들은 누군가에 의해 선발된 사람도 아니었고, 어떤 특별한 이념을 갖고 있는 사람도 아니었으며, 그저 평범한 광주 사람이었다. 광주라는 공간에서 평범하게 일상 공간을 소비하던 광주 사람이었다. 하지만 가만히 서 있는 사람에게 군인들이 곤봉을 내리치는 장면을 목격했다면 어느 지역 사람이나 광주 사람과 같이 저항했을 것이다. 평범한 시민이 군인들의 무차별적인 폭력에 노출되었다면 어느 지역 사람이든 민주 항쟁의 주체가 되었을 것이다. 자신의 일상이 누군가에 의해 위협받고 불편해지고 불안해진다면 누구라도 그러한 일상의 문제를 해결하기 위해 거리로 나설 수 있다. 그런데 당시 군사 독재 세력에 의해 일상이 억압받고 위협받던 곳은 광주뿐이 아니었음에도 다른 지역에서는 민주 항쟁이 일어나지 않았다. 이 점에서 지리학자는, 과연 광주에서는 다른 지역과 달리 무슨 일이 일어났는지와 함께 광주라는 공간의 힘은 무엇인지, 광주 사람이 갖고 있는 일상적 감성의 구조는 어떤 것인지, 광주 사람들은 어떤 생각을 갖고 있기에 그런 엄청난 일에 자신을 던진 것인지 등의 의문을 가질 수밖에 없다.

광주 민주 항쟁은 '지금 여기'의 광주에 살고 있는 사람들의 삶에 진행형으로 남아 있지만, 광주 민주 항쟁이라는 역사적 사건을 통해 기억되는 광주는 역사적으로 정리된 광주이고, 화석화된 1980년의 광주이며, 박제된 광주이다. 광주라는 공간에서 살고 있는 사람들은 광주 민주 항쟁이 발생했을 때도 그곳에 살았고, 지금도 살고 있다. 그들의 삶은 광주라는 일상 공간을 토대로 계속 영위되고 있다. 그런 그들의 일상적인 삶에서 하나의 기억으로 자리하고 있는 것이 광주 민주 항쟁이다. 그렇기에 광주 사람들에게 광주 민주 항쟁은 오늘까지 계속되는 쓰리고 아픈 삶의 흔적이지만, 광주 민주 항쟁의 기억 속에 남아 있는 광주는 '그때 그곳'에 멈추어 있는 광주이다. 1980년 이전의 광주와 그 이후의 광주는 다르다. 똑같이 일상 공간으로 소비되는 광주이지만, 1980년의 광주는 사람들의 삶에 커다란 변화를 가져왔고 그런 삶의 방식은 지금도 유효하다.

그렇기 때문에 '지금 여기'의 광주라는 공간에 거주하고 있는 사람의 일상적 삶에서 광주 민주 항쟁은 지금도 계속되고 있다. 강풀의 만화《26년》[58]에서 볼 수 있듯이 오늘날 광주 사람에게 1980년의 광주는 현재 진행형이다. 강풀의 만화에 등장하는 인물은 광주 민주 항쟁을 여러 가지 측면에서 경험한 사람들이다. 그들이 기억하는 광주 민주 항쟁은 다 다르다. 중요한 것은 모든 사람의 기억에 광주 민주 항쟁은 상처로 남아 있다는 것이다. 광주 민주 항쟁을 통해 그들의 삶은 완전히 변했다. 그들은 광주 민주 항쟁이 아니었다면, 어떻게 살았을지는 모르지만, 적어도 지금보다는 나은 삶을 살았을 것이라는 확신을 갖고 있다. 강풀 만화의 주인공들처럼 광주 사람들은 광주 민주 항쟁을 통해 광주라는 공간이 겪었던 아픔을 기억하고 있다. 친인척이나 형제자매, 그리고 이웃의 죽음을 목격해야만 했던 슬픔과 고통의 기억을 간직하고 있다.

광주를 통해 광주 민주 항쟁을 이해한다는 것은 기억의 공간으로서의 광주를 천착하는 것이 아니라 생생하게 살아 있는 광주 사람의 삶의 공간을 천착하는 것을 의미한다. 광주 민주 항쟁을 역사적 사건으로 환원시켜서 '그때 그곳'의 광주 사람을 이해하는 데 그치지 않고, '지금 여기'의 광주 사람의 삶에도 주목해야 한다. 광주 민주 항쟁을 현대사의 비극적인 사건으로 규정하는 순간에 광주 민주 항쟁은 역사가 된다. 그것은 지나간 과거의 문제가 되고, 오늘을 사는 우리는 그와 같은 사건을 되풀이하지 않기 위해 역사적 교훈을 얻으려 한다. 하지만 광주 민주 항쟁은 역사적으로는 정리되었을지 모르지만 광주 사람들의 일상에서는 계속되고 있다. 정신적으로 육체적으로 광주 사람들에게 집단 기억의 형태로 각인되어 있는 광주 민주 항쟁은 사라진 역사가 아니라 오늘의 역사이며, 현재의 역사이다.

다른 측면에서 본다면 광주라는 공간과 광주 민주 항쟁은 하나이다. 광주라는 공간이 그 자체로 의미를 갖고 있는 것은 아니다. 광주라는 공간의 의미는 광주에 거주하는 사람의 삶을 통해 추출할 수 있다. 광주라는 공간에 거주하고 있는 사람의 삶의 모습을 기억함으로써 광주 민주 항쟁의 의미를 발견할 수 있다. 광주라는 공간에 숨어 있는 광주 민주 항쟁의 흔적을 찾아냄으로써 광주 민주 항쟁의 의미를 발견할 수 있다. 거대 담론 속에서 이야기되는 광주 민주 항쟁이 아니라, 광주 사람의 일상에서 이야기되는 광주 민주 항쟁을 발견할 수 있다. 광주를 통해 광주 민주 항쟁을 이해하는 과정을 통해 광주 사람들의 삶에 지금도 계속되고 있는 광주의 상처를 찾아서 보듬어주어야 한다. 아직도 진행형인 광주 민주 항쟁에서 벗어나지 못한 사람을 배려해야 한다.

광주라는 공간을 통해 광주 민주 항쟁을 이해하는 것은 광주라는 공간을 이해하는 하나의 방식이다. 광주라는 공간에 퇴적되어 있는 역사를 이해하는 하나의 방식이다. 광주라는 공간은 광주 사람의 삶으로 이루어진 공간이고 광주 사람을 대변하는 공간이므로, 광주 사람의 삶을 벗어나서는 광주를 이해할 수 없다. 광주라는 공간에 누적되어온 삶의 침전물이 결국 광주 민주 항쟁을 만들었을 것이고, 그 일은 오늘날까지 광주 사람들의 일상적인 삶에 이어져오고 있다.

광주 민주 항쟁은 지리학자에게는 낯선 주제다. 하지만 광주 민주 항쟁에도 공간은 있었다. 그리고 광주라는 공간에서 광주 민주 항쟁이 일어났다. 지리학은 공간을 통해 세상과 소통한다. 공간을 통해서 내 삶의 문제를, 우리 주변의 문제를, 나아가 우리 사회의 문제를 파악하고 해결책을 제시하려 한다. 하지만 지금까지 지리학은 그런 사회적 책무에 소극적이었다. 공간을 통해 세상과 소통하는 방식을 낯설어했다. 광주를 통해 광주 민주 항쟁을 바라보려는 시도는 문제 제기의 차원에 머물러 있다. 하지만 이런 시도는 공간을 통해서 세상과 소통해야 하는 지리학의 절박함을 표현한 것이다. 세련되지 못하지만, 낯선 세상과의 소통을 보여주기 위한 것이다. 이런 지금의 낯섦이 익숙한 소통의 흐름으로 이어지길 바란다. 광주를 통해 광주 민주 항쟁을 보는 것이 진행형이 듯이, 공간을 통해 세상과 소통하기 위한 지리학도 진행형이다.

1. '지금 여기', 일상의 지리학은 새로운 지리학인가

지리학은 산 너머에 혹은 강 건너에 사람이 살고 있는지, 그 사람은 무엇을 먹고 어떻게 살고 있는지를 묻는 학문이었다. 우리의 원초적인 삶의 문제를 묻고 답하기 위한 학문이었다. 즉 삶에서 유리된 학문이 아니라, 삶이 없으면 존재할 수 없는 학문이 지리학이었다. 그런 지리학이 과학으로 거듭나는 과정에서 인간의 원초적인 삶에서 멀어졌다. 인간의 삶에 관심을 갖는다고 하더라도, 일상이 아니라 법칙이나 원리의 발견이 가능한 평균적이고 기능적인 삶에 주목했다. 그러면서 '지금 여기', 일상의 지리학은 멀어졌고, 작고 소소한 사람 사는 이야기는 소거되었다. 합리와 효율을 추구하는 근대화의 과정에서 인간이 존중받지 못했듯이, 지리학이 과학으로서의 지리학으로 거듭나는 과정에서 인간의 작고 시시콜콜한 삶은 관심에서 멀어지고 말았다.

삶과 끊임없이 교감하는 학문이었지만 그 삶을 천착하지 못했던 지리학의 지도를, 새로운 지리학은 '지금 여기'에 살고 있는 인간의 삶에 기대어 새롭게 그리고자 했다. 그런 점에서 '지금 여기', 일상의 지리학은 새로운 지리학인지 모른다. 하지만 '새로운' 지리학이라고 해서, 이전에 존재하지 앉던 무엇을 새롭게 만들어낸다는 것을 의미하지는 않는다. 〈토탈 이클립스Total Eclipse〉[59]라는 영화에서 랭보Arthur Rimbaud는 자신이 쓴 시가 세상에 발표된 적이 없는 새로운 것이라고 생각한다. 하지만 이미 누군가에 의해 그런 시가 시도된 바 있음을 알게 되고, 그러자 세상에 새로운 것이란 존재하지 않는다고 자조한다. 랭보의 이야기처럼 새로운 지리학에서 '새로운'은 '이전에는 없었던'이라는 뜻이 아니라, '낯익은 것을 낯설게 보는'이라는 뜻이다. 우리가 인식하지 못했던 낯선 공간을 대상으로 하는 것이 아니라, 누구나 다 알고 있는 익숙한 공간을 대상으로 한다. 새로운 공간을 대상으로 하는 것이 아니라, 많은 사람들에게 익숙한 일상 공간을 대상으로 새로운 의미를 발견하고자 한다.

인간의 생활 양식이 변화하면서 끊임없이 새로운 공간이 생산된다. 그렇기에 지리학자 또한 끊임없이 새로운 지리학을 향해 나아갈 수밖에 없다. '지금 여기', 일상의 지리학도 그런 맥락에 서 있다. '지금 여기'의 일상 공간은 '그때 그곳'의 일상 공간과 다르다. 전자오락실이 피시방으로 바뀌고, 논이

비닐하우스로 바뀐다. 우리를 둘러싼 공간은 계속 변화해온 삶을 반영하며, 새로운 경관을 생산한다. '지금 여기'에서.

그렇기에 '지금 여기'의 일상 공간은 진행형이다. 교통과 통신의 발달은 물리적으로 떨어져 있는 공간 간의 접근성을 높여 넓은 공간을 어디에서나 접근이 가능한 좁은 공간으로 변화시킨다. 이처럼 시공간이 압축되는 과정에서 빠르고 역동적으로 살아가는 인간의 삶은 계속해서 변화한다. 삶의 빠른 변화는 공간의 빠른 변화를 동반하기 때문에 '지금 여기'의 일상 공간 또한 계속 변화해갈 것이다. 그런 면에서 '지금 여기'의 일상 공간은 다양한 인간의 자화상이다. 인간은 공간을 통해 자신을 확인받으려 하고, 공간은 그런 인간의 욕망을 담아낸다. 경관은 그런 인간의 욕망을 재현하고 있는 시각적 영역이다. 일상 공간에는 인간이 살아가는 이야기가 담겨 있다. '지금 여기'에 살고 있는 인간의 삶이 공간을 통해 속삭인다. 어떤 공간은 슬프고, 어떤 공간은 기쁨을 참지 못하고, 어떤 공간은 분노를 억누르고 있다고…… 하지만 지금까지 지리학자들은 공간에 새겨져 있는 이러한 이야기에 무관심해왔다. 기능적이고 과학적인 시선으로 지리적 현상을 바라보면서 복잡한 서사 구조를 갖고 있는 공간 속 이야기에 주목하지 않았다.

'지금 여기', 일상의 지리학은 인간의 이야기에 관심을 갖는다. 사랑방에 모여 앉아 속삭이는 인간의 목소리에 귀를 기울인다. 광장에 모여 앉은 인간의 이야기를 들으려 한다. 그 이야기 속에서 삶을 이해하고 인간에 대해 알아가고자 한다. 이야기가 없는 공간은 말 그대로 공터일 뿐이다. 공간은 인간이 새겨놓은 이야기로 채워져 있고, 인간은 그런 의미 공간에서 살아간다. 시간이 가면서 공간에는 새로운 이야기들이 켜켜이 쌓여간다. '그때 그곳'의 이야기가 다르고, '지금 여기'의 이야기가 다르다. '지금 여기', 일상의 지리학은 지금 여기의 일상 공간에 새겨지고 있는 이야기에 관심을 갖고 그 속에서 삶을 이해하려 한다.

따라서 '지금 여기', 일상의 지리학은 진행형이고, 새로운 지리학인지 모른다. 새로운 영역을 개척하기 때문에 새로운 것이 아니라 '지금 여기'의 일상 공간에 새겨지고 있는 작고 시시콜콜한 이야기에 주목하기 때문에 새로운 것이다. 일상의 지리학은 인간을 둘러싸고 있는 커다란 이야기에는 관심이 없다. 일상의 시시콜콜하고 사소한 이야기가 더욱 생생하게 세상의 변화를 보여준다고 믿는다. 그렇기에 '지금 여기', 일상의 지리학은 인간의 삶의 모습을 그대로 드러낸다. 게으르고 나태하면 그런 대로, 역동적이면 또 그런 대로.

2. '지금 여기', 일상의 지리학은 무엇을 꿈꾸는가

'지금 여기', 일상의 지리학은 새로운 꿈을 꾼다. 지리학이 백과사전식 학문이 아니라, 인간의 삶에 대해 고민하는 학문이길 바란다. 기존의 지리학이 기능적이고 과학적인 시선으로 평균적인 인간들의 삶을 천착했다면, '지금 여기', 일상의 지리학은 작고 소소한 이야기에 주목하는 '인간학'으로서의 지리학을 꿈꾼다. 공간에 새겨져 있는 무수한 인간의 이야기를 풀어내는 데는 문학과 역사와 철학과 예술을 통한 인간학적인 소양이 요구된다. 인간의 삶을 기능적인 시선으로 바라보는 것에서 벗어나, 인간의 내면과 소통하는 삶의 모습을 탐구하려는 꿈을 실현하기 위해서이다. 리좀의 지리학을 통해 지리학을 재영토화하고자 하는 것도 시선의 단순함에서 벗어나 인간의 체취가 묻어나는 진솔한 이야기에 주목하려는 뜻에서다. 지리학을 수목 체계가 아닌 뿌리 체계의 지리학으로 재정의하고자 하는 것도 지리학이 인간학으로 거듭났으면 하는 바람 때문이다.

나는 배치의 지리학이나 리좀의 지리학을 통해서 공간의 문제가 삶의 문제이고, 삶이 공간에 새겨놓은 의미가 다시 삶을 구속할 수 있음을 보여주려 했다. 그래서 공간이 속삭이는 이야기를 들려주며 '지금 여기'의 삶을 성찰하고자 했다. 하지만 이마저도 인간학적인 소양의 부족으로 어려움을 겪었다. 내가 꿈꾸는 지리학의 모습이 '지금 여기'의 일상 공간에 사는 나에게도 여전히 꿈으로 남아 있다. 그 점이 아쉽다. 우리 삶의 모든 것에 공간이 있고, 공간 속에 모든 것이 있음을 인지하면서도 정작 공간 속에 각인되어 있는 이야기의 의미를 짚어내는 일이 쉽지 않았다.

프랑스의 철학자 바슐라르Gaston Bachelard는 인간이 본성적으로 이미지와 상상력의 힘을 가지고 있다고 본다. 그리고 그런 능력은 저마다 다르게 나타나지만, 인간이 만들어내는 상상력에는 일정한 방향성이 있다고 주장한다. 예를 들어 서양 미술 작품 중에는 백조와 목욕하는 벌거벗은 여인을 그린 그림이 유난히 많다. 백조라는 이미지가 벌거벗은 여인이라는 이미지를 만들어낸다. 바슐라르는 이를 "문화 콤플렉스cultural complex"라고 부른다.[60] 문화 콤플렉스란 자신이 자라온 문화에 의해서 생기는 연상 작용을 말한다. 상상하는 개별 주체들은 자신이 만들어낸 이미지가 자신만의 고유한 것이라고 믿기 쉬우나 사실 그것은 이미 자신이 체화하고 있는 문화의 일부분이라는 것이다. 이 콤플렉스의 본질은 상상력의 주체인 개인이 자신이 속해 있는 문화에 의해 상상력의 방향 설정에 영향을 받는다는 것이다. 상상의 내용이 자신이 속해 있는 주변 환경, 즉 문화에 의해 이미 구조화되어 있는 것이다. 지리학자로서 내가 혹시 이런 문화 콤플렉스를 갖고 있었던 것은 아닌지 자문해본다. 지리학이라는 학문이 갖고 있던 문화가 우리의 일상 공간에 대한 접근을 막고 있었고, 그것에서 의미를 발견하는 것을 묵시적으로 금기시하고 있었던 것은 아닌지.

인간학으로서의 지리학을 지향하는 '지금 여기', 일상의 지리학은 엄청나게 큰 꿈을 꾸고 있다. 그 꿈이 나에게는 버겁기도 하다. 그런 문화 콤플렉스에 시달리면서도, 공간을 통해 세상과 소통하면서 인간을 이해하고 인간의 내면에 다가간다는 꿈을 포기할 수 없었다. 아직 나는 인간학으로서의 지리학의 모습을 제대로 보여주지 못했기에, 새로운 지형도를 그리는 일이 낯설기만 하다. 인간학으로서의 지리학을 지향하면서도 그것을 어떻게 구현할 수 있을지 두렵기만 하다.

'지금 여기', 일상의 지리학은 진행형이다. 이것은 공간을 통해 세상과 소통하고 인간과 소통하기 위해 마련된 프로젝트이지만, 정작 그 열매는 설익었다. 인간학적인 소양이 하루아침에 길러지는 것이 아니며, 인간학적인 소양을 가지고 공간을 읽어간다는 것이 내게도 낯선 일이기 때문이다. 그런 점에서 미완성의 기획을 세상에 내놓는 셈이다. 나는 하버마스Jürgen Habermas처럼 세상을 향해 근대는 아직 끝나지 않은 미완성의 기획이라고 소리치면서 자신의 학문 세계를 구축해갈 용기와 자신도 없다. 하지만 세상을 향해 지리학이 인간과 소통하기 시작했으며 사회와 소통하기 시작했다는 것을 알리고 싶었다. 아직은 서툴고 미숙할지 모르지만, 지리학이 존재해야 하는 이유를 설명하고 싶었다. 나는 인간학으로서의 지리학의 지형도를 그려가기 위해 붓을 들었고, 언젠가는 나름의 지형도가 그려지지 않을까 하는 막연한 기대를 품어본다. 나는 지리학자로서 공간을 통해 세상과 소통하기 위해 노력하는 '프로 교사professor'이기를 꿈꾸며, 이제 본격적으로 그 길을 걷기 시작했다는 점에서 위안을 찾으려 한다.

내가 '지금 여기', 일상의 지리학에 파고드는 것은 인간학으로서의 지리학이 학교에서 학생들에게 전달되기를 바라는 또 다른 꿈도 갖고 있기 때문이다. 나는 어른들이 궁금해하는 지리가 아니라, 학생들이 궁금해하는 지리를 가르치고 싶다는 꿈을 꾼다. 그저 머리로만 인식할 수 있는 커다랗고 추상적인 공간이 아니라, 학생들이 가까이서 접하는 일상 공간을 학교에서 가르치기를 희망한다. 인간의 삶을 다루지만 인간이 없는 지리 교육은 지양해야 한다. 학생들이 낯선 공간을 낯익게 하는 지리 수업에서 벗어나, 낯익은 공간을 다시 돌아보면서 나를 이해하고 인간을 이해하는 방법을 배우기를 바란다.

완성되지 않은 지리학의 모습을 그리고 있기 때문에 '지금 여기', 일상의 지리학은 미래의 지리학이다. 하지만 '지금 여기'의 일상 공간을 천착하기 때문에 현재의 지리학이기도 하다. 그런 면에서 지리학의 미래는 유예된 현재이다.

1 외젠 아트제Eugène Atget(1857~1927)는 거리, 건물, 작은 공원 혹은 건물의 실내 장식과 외부 양식 등을 일련의 시리즈로 작업한 프랑스의 사진작가다. 파리와 파리 외곽의 모습을 담은 대규모의 시리즈 작업을 하면서 그가 특별히 관심을 둔 것은 당시 파리의 거리 풍경과 17세기, 18세기의 분위기를 간직하고 있는 회화적인 파리의 모습이었다. 특히 1920년부터 그가 찍은 파리와 그 외곽 도시의 사진들은 광활한 원근법을 이용한 명작으로 인정받고 있다. 그의 작품세계는 사람과 환경을 가장 진실하고 회화적으로 재현한 것으로 평가받고 있다.

2 '리좀rhizome'은 들뢰즈Gilles Deleuze와 가타리Felix Guattari가 제시한 개념이다. 리좀은 뿌리줄기를 의미하는 것으로, 뿌리와는 구별된다. 과일나무처럼 모든 뿌리가 하나의 열매를 맺기 위해 집중하는 것이 아니라, 감자나 고구마처럼 땅속으로 자란 줄기들 각각이 따로 뿌리를 내려 분화된 중심을 갖고 있는 것을 의미한다. 예컨대 나무에서 모든 뿌리들이 나무를 성장시키는 데 집중하고 있다면, 뿌리줄기인 리좀은 중심이 없고 각각의 뿌리줄기가 다른 줄기의 어디에나 달라붙을 수 있는데, 달라붙은 줄기들이 어느 한 점으로 귀결되지 않으며 서로 배타적이지도 않다. 들뢰즈와 가타리는 리좀을 근거로, 나

무를 모델로 삼아 항상 중심이 존재하고 중심점을 지향하는 연속성의 논리가 지배하는 서양의 사고방식을 비판한다. 리좀은 서양적 사고를 해석하고 비판하는 것을 넘어 창조적이고 비판적인 삶의 생산을 지향하는 실천적 개념이다.

3 1960년대의 '언어적 전환linguistic turn'이 사회 현상을 설명할 수 있는 가장 중요한 개념으로 언어를 이용해야 한다는 인식의 변화를 지칭한다면 '공간적 전환spatial turn'은 포스트모던 시대에 사회 현상이나 일상적 삶을 이해하는 데 있어 공간을 가장 큰 요소로 주목하게 된 인식의 변화를 지칭한다.

4 '공간space'과 '장소place'는 지리학의 기본 개념이다. 공간은 가치가 포함되어 있지 않은 객관적이고 추상적인 공간을 의미한다. 철학적으로는 실증주의의 배경하에서 탄생한 개념으로 이해하면 된다. 반면에 장소는 그 장소를 점유하고 있는 인간의 가치나 신념이 내재되어 있는 곳을 의미한다. 그렇기 때문에 장소는 주관적이고 구체적이다. 주로 현상학, 실존주의 등을 배경으로 하고 있다. 하지만 공간이나 장소의 개념을 쉽게 구분할 수 있는 것은 아니다. 각각의 개념에 조금 더 접근해가면 두 개념은 동전의 양면처럼 인식되고 있기 때문이다[조금 더 자세한 개념은 전종한 외,《인문지리학의 시선》(논형, 2008) 1장을 참조하라]. 하지만 이 책에서는 특별한 경우를 제외하고는 이 두 개념을 구분하여 사용하지 않을 것이다.

5 하이데거Martin Heidegger가 말하는 세계 내 존재being-in-the-world로서 인간은 항상 시공간적인 조건하에 놓여 있다. 공간 내 존재being-in-the-space는 바로 이 같은 하이데거의 생각을 응용한 말로, '지금 여기'의 일상 공간에 구속되는 인간의 형태를 강조한다.

6 정화열,《몸의 정치》(민음사, 1999), 20쪽.

7 박홍규,《처음으로 돌아가라 : 비코의 생애와 사상》(필맥, 2005), 139

~140쪽.

8   〈강원도의 힘〉은 30대 초반의 유부남 대학 강사 상권과 그의 강의를
    듣던 학생 지숙이 연인으로 지내다 이별한 후 아픔을 달래기 위해
    같은 시간에 따로 강원도를 여행한 것을 지숙 중심의 이야기와 상권
    중심의 이야기로 나누어 찍은 영화이다. 지숙 중심으로 전개되는 1
    부에서 강원도는 강릉역, 오색 약수터, 낙산사와 그 바닷가, 그리고
    설악산 언저리이다. 상권 중심으로 그려지는 2부에서 강원도는 비
    룡 폭포, 케이블카, 대포항, 낙산사이다. 함께했던 추억을 되새기면
    서 찾은 강원도이지만, 헤어진 후에 찾은 강원도는 담담하기만 하
    다. 휴가철에 찾는 강원도와 별로 다르지 않은 느낌의 강원도를 경
    험한 후 두 사람은 서울로 돌아온다. 실연의 아픔을 달래기 위해 찾
    은 강원도에서 그들은 실연의 상처를 달래줄 수 있는 강원도의 힘을
    발견할 수 있었을까……. 상권과 지숙은 서울에서 다시 만나게 되
    고, 그다음 날 상권은 자신이 근무했던 출판사의 지하실에서 오랫동
    안 잊고 있던 금붕어 한 마리를 발견한다. 두 마리여야 할 금붕어가
    한 마리라는 사실은 지숙과의 헤어짐을 현실로 받아들임을 상징적
    으로 보여주는 것인지 모른다.

9   '침묵의 언어'는 서로 다른 문화에 속해 있는 사람들 사이에서 일어
    나는 '말이 아닌 행동으로 하는 의사소통'을 의미한다. 홀Edward Hall
    은 문화를 커뮤니케이션의 한 형태로 보고, 시간과 공간을 침묵의
    언어로 본다. 가령 '사랑해'라고 말할 때 두 사람 간의 거리, 때와 장
    소, 억양, 눈빛 등을 통해 더 진실된 의미를 전달할 수 있다는 것이
    다.

10 유홍준,《나의 문화유산답사기 2》(창작과비평사, 1994), 20~22쪽.

11 '두꺼운 기술thick description'은 기어츠Clifford Geertz가《문화의 해석
    The Interpretation of Culture》에서 인류학적인 현상들을 설명하기 위해

제시한 방법론이다. 그는 이 책에서 두꺼운 기술을 설명하기 위해 눈꺼풀을 움직이는 행위를 두 가지로 구분한다. 하나는 단순한 눈의 움직임이며, 다른 하나는 윙크다. 이 둘은 눈을 움직인다는 점에서는 같지만, 의미에서는 차이가 있다. 전자는 무의식적인 행위에 지나지 않지만 후자는 의사소통을 위한 사회적 상징을 담고 있는 문화적 흔적이다. 최근에 이 용어는 해석을 달리하며 여러 가지로 번역된다. '중층적 기술', '촘촘한 기술', '치밀한 기술', '두터운 기술' 등을 예로 들 수 있는데, 여기서는 thick이라는 단어의 원래 의미에 충실하게 '두꺼운 기술'로 표현하고자 한다. 조한욱, 《문화로 보면 역사가 달라진다》(책세상, 2000), 47~60쪽.

12 강홍빈, 《서울 에세이 : 근대화의 도시풍경, 강홍빈과 주명덕이 함께 하는 서울기행》(열화당, 2002).

13 형기주, 〈환경론, 어제와 오늘〉, 《지리학》 21호(1980), 53~57쪽.

14 많이 사용하는 기관은 발달하고 사용하지 않는 기관은 퇴화한다는 라마르크Jean-Baptiste Lamarck의 용불용설은 최초의 진화 이론으로서 의미가 있다. 라마르크는 하나의 종이 다른 종으로 변화하며, 인간도 다른 어떤 종에서 생겨났다고 생각했다. 그는 하나의 생물은 자신의 생물학적 요구에 따라 새로운 구조나 기관을 생성하게 되고, 이러한 새로운 구조는 자주 사용할수록 더욱 발달하며, 그러한 획득 형질은 유전을 통해 다음 세대로 전달된다고 주장했다. 기린의 목이 길어지는 과정을 예로 들어보면, 기린은 높은 곳에 있는 나뭇잎을 따 먹기 위해 계속 목을 늘이려는 노력을 할 것이고, 그 결과 목이 길어지며, 이 길어진 목이 자손에게 유전된다. 또 자손 역시 목을 늘이려고 노력할 것이고, 더욱 길어진 목은 다시 다음 자손에게 유전된다. 이런 식으로 기린의 목이 계속 길어져서 오늘날에 이르게 되었다는 것이다. 획득 형질은 유전되지 않기 때문에 오늘날 라마르크

의 이론은 인정되지 않는다.

15 독일의 철학자이자 문학인인 헤르더Johann Gottfried von Her-der(1744 ~1803)에게 있어 역사는 두 힘의 상호 작용의 결과이다. 그것은 인류의 환경을 형성하는 외부적 힘과 인간 정신으로만, 혹은 더 정확하게는 동질적인 인류가 해체되는 다양한 민족성신으로만 묘사될 수 있는 내적 힘이다. 국민의 역사를 이해하기 위해서는 그 국민의 지리적, 기후적 요인뿐 아니라 국민 구성원들의 행동 속에서 표현되는 정신을 모두 고려하고 인식해야 한다는 것이다. J. G. von 헤르더, 《인류의 역사철학에 대한 이념》, 강성호 옮김(책세상, 2002), 83쪽.

16 영국의 사회학자이자 철학인인 스펜서Herbert Spencer(1820~1903)는 사회가 인간을 결정한다는 통념을 깨고 개인에 의해 사회가 변화하고 진보하며 이 세계는 일정한 진보의 법칙을 지니고 있다고 보았다. 그는 처음 우주의 발생과 그다음 사회의 진보가 일정한 법칙, 즉 자연의 법칙을 따른다고 보았으며, 이러한 자연의 법칙을 토대로 사회 진보를 생물학적 관점에서 생물 유기체의 진화에 빗대어 설명하려 노력했다.

17 백낙청 외, 〈생태사상과 변혁운동〉, 《창작과 비평》 23권 4호(창비, 1995).

18 홍승기, 〈고려 초기 정치와 풍수지리〉, 《한국사 시민강좌》(일조각, 1994), 84쪽.

19 이익, 《星湖僿說》 1, 天地篇 下, 地理門 新都漢陽.

20 프랙털fractal은 특정한 한 부분과 유사한 모양이 계속 반복되는 형상을 말한다. 눈송이가 프랙털에 가깝다. 번개의 전파와 강의 분기도 그 예에 해당한다. 강은 큰 강줄기나 지류가 서로 비슷한 분기 상태를 하고 있어서 한강의 일부 지류를 큰 강줄기와 비교하면 금방 닮음의 관계를 알 수 있다. '프랙털'이라는 이름은 1975년 망델브로

Benoit Mandelbrot에 의해 지어졌으나, 이러한 형상들에 관한 추상적 논의는 훨씬 이전부터 있었다.

21 카오스chaos는 그리스인들이 생각한 만물 발생 이전의 원초적 무질서 상태를 의미한다. 하지만 최근의 과학에서 카오스는 완전한 무질서가 아니라 겉으로는 무질서하게 보이지만 내적으로는 놀라운 규칙성을 갖고 있는 현상을 지칭한다. 즉 카오스 이론은 불규칙한 현상의 배후에 감추어져 있는 규칙성을 찾는 이론이다. 이 이론은 과학의 패러다임 자체를 변혁시키며 인류의 지적 영역을 넓혀가고 있다.

22 카오스모스chaosmos는 혼돈을 뜻하는 카오스와 질서를 뜻하는 코스모스cosmos가 결합된 용어로 혼돈 속의 질서를 의미한다.

23 유클리드 기하학은 그리스의 수학자 유클리드(기원전 330~275)가 선택한 열 개의 공리 및 공준, 또는 이 체계를 수정(평행선 공준의 대치)한 것을 바탕으로 한 점·선·각·표면·입체 등에 대한 연구를 말한다. 유클리드 기하학에서는 직선 밖의 한 점을 지나 그 직선과 만나지 않는 직선은 하나밖에 없다고 가정하고 있다. 즉 그 직선의 평행선은 아무리 연장해도 그 직선과 만나지 않는다고 가정하고 있는데, 19세기에 들어와서 이 가정은 부정되었고 다양한 형태의 기하학이 등장하게 되었다. 이러한 비유클리드 기하학의 탄생은 19세기 수학사상 가장 중요한 사건의 하나로 볼 수 있다. 비유클리드 기하학의 발견은 유클리드의 공리를 자명한 명제로만 여겨왔던 재래식 사고방식에 혁명적인 변혁을 가져왔고, 또 모델(이론, 때로는 그 이론의 전제가 되는 가설)에 의하여 추상적 사상을 구체화한다는 비유클리드 기하학의 사고방식은 다비트 힐베르트David Hilbert를 거쳐 쿠르트 괴델Kurt Gödel 이후의 수학 기초론 등에도 커다란 영향을 미쳤다. 사상사에 있어서도 비유클리드 기하학은 진화론이나 상대성 이론의 탄생에 비견되는 것으로서 물리적 세계에 대한 인간의 인식

을 급변시켰다.

24 하천 직강하는 자연 상태에서 곡류하던 하천을 직선으로 펴는 것이다. 우리나라 하천은 대체로 곡류 하천인데, 이런 하천에서는 여름철 집중 강수로 하천 주변 범람원 지역의 홍수 피해기 거진다. 이를 예방하기 위해 하천을 직선으로 펴고, 하천 양안에 제방을 쌓아 범람을 막으려는 것이 하천 직강하이다. 하지만 하천 직강하 공사 결과 하천의 유로가 짧아지고 직선화되면서 하천의 유속이 빨라지게되었고, 그로 인해 수심이 빠르게 상승하면서 오히려 홍수를 유발하는 요인이 되고 있다.

25 뒤샹Marcel Duchamp(1887~1968)은 레디메이드, 즉 기성품을 그것의 일상적인 환경이나 장소에서 옮겨놓으면 그것의 본래의 목적성은 사라지고 단순히 사물 그 자체의 무의미성만이 남게 된다고 주장했다. 이것은 브라크Georges Braque나 피카소Pablo Picasso, 또는 초현실주의 작가들이 바닷가의 조약돌이나 짐승의 뼈 등을 주워 오브제로사용한 것과 상통하는 것으로, 미에 대한 새로운 해석을 의미한다.

26 프랑스의 미술가로, 다다이즘에서 초현실주의로의 이행에 공헌했으며 팝 아트에서 개념 미술에 이르는 다양한 현대 미술 사조에 영감을 주었다.

27 Jonathan Murdoch, Post-structuralist Geography(London : Sage Publications, 2006), 163쪽.

28 Jonathan Murdoch, Post-structuralist Geography, 168쪽.

29 슬로푸드slow food 운동의 궁극적인 목표는 슬로라이프slow life, 즉 '여유 있는 삶'을 누리는 것이다. 전통적인 방식으로 천천히 만들어서 천천히 먹고, 조금은 불편하게 살아가는 대신에 삶의 여유를 누리기 위한 것이다. 슬로푸드를 선호하면서 슬로라이프를 추구하는 사람들이 살고 있는 도시를 슬로시티slow city라고 한다. 우리나라에

서도 신안, 완도, 장흥, 담양, 하동군이 세계 슬로시티에 가입되어 있다. 이들 지역에서 볼 수 있는 대표적인 슬로푸드로는 젓갈, 김치, 장, 곶감 등이 있다.

30 장소성placeness은 각 장소가 갖고 있는 그 장소만의 고유한 특성을 의미한다. 비장소성placelessness은 상대적으로 획일화되고 표준화된 경관이 그 이전에 형성된 각 장소만의 특성과 다양성을 훼손하는 것을 의미한다.

31 임지현 외,《우리 안의 파시즘》(삼인, 2000).

32 피에르 상소,《느리게 산다는 것의 의미 2 : 바람 부는 길에서》, 김주경 옮김(동문선, 2001), 90쪽.

33 프랑스의 고속 도로 역시 우리와 다르지 않게 속도의 미학이 존재하는 공간이어서, 고속 도로가 지닌 이런 현대성이 오히려 고속 도로를 더욱 멀리하게 하고 있다고 상소는 말한다. 피에르 상소,《느리게 산다는 것의 의미 2 : 바람 부는 길에서》, 95쪽.

34 한 사회 혹은 한 사회 집단의 공통의 역사적 경험은 그것을 직접 체험한 개개인의 생애를 넘어 집단적으로 보존, 기억되는데 이를 집단 기억이라고 한다. Maurice Halbwachs, The Collective Memory (New York : Harper & Row, 1980).

35 고엽제는 농약의 용도 분류에서 낙엽제落葉劑에 해당하는 것을 가리키는 속칭으로, 흔히 미국군이 베트남 전쟁 당시 밀림에 다량 살포한 2,4,5-T계와 2,4-D계를 혼합한 제초제를 가리킨다. 고엽제 살포 작전이 일명 오렌지 작전으로 불리는 것은 고엽제를 오렌지색으로 칠해져 있는 드럼통에 넣어 구별한 데서 유래한다. 우리나라의 고엽제 피해자는 5,000여 명으로 추산된다. 이들은 그동안 병명도 원인도 치료법도 모른 채 피부병을 비롯해서 몸이 썩어 들어가는 증상, 사지 마비, 말초 신경 마비, 체중 감소, 전신 통증, 그리고 정신 질환

에 이르기까지 여러 가지 고통에 시달려왔다. 이들의 비극은 본인에게서 그치지 않아, 2세에까지 선천성 기형, 피부병 등이 대물림되고 있다. 이들은 만신창이가 된 몸으로 국민들의 관심 밖에서, 또 정부의 냉대 속에서 외로운 싸움을 벌여왔다. 2003년 개천절에 고속 도로를 믹고 시위를 벌이던 베트남 전쟁 참전 용사 몇 명이 구속되었고, 베트남 전쟁 참전자들 중에는 정신분열증이나 전상 후유증을 겪는 사람과 자살에 이른 사람이 18명이나 되었다. 임종한, 〈한국 고엽제 피해의 현황과 대책〉,《환경리포트》제9호(YMCA 국제환경정보교육센터, 1994).

36 한건수, 〈경합하는 역사 : 사회적 기억과 차이의 정치학〉,《한국문화인류학》제35집 2호(2002), 69쪽.

37 1992년 9월 26일, 베트남 전쟁에서 흘린 피와 땀의 대가로 건설되었다는 경부 고속 도로에서 파월의 날 행사를 마치고 귀가하던 파월 용사 400여 명이 고속 도로를 점거한 채 시위를 벌였다. 그들이 자신들의 젊음을 바쳐서 만든 고속 도로에서 벌인 시위에는 자신들의 희생을 국민들이 알아주었으면 하는 그들의 바람이 담겨 있었다.

38 다니엘 푸러,《화장실의 작은 역사》, 선우미정 옮김(들녘, 2005), 6쪽.

39 다니엘 푸러,《화장실의 작은 역사》, 6~7쪽.

40 선진국과 후진국을 수세식 화장실과 재래식 화장실의 차이로 비교하는 경우도 있다. 수세식 화장실이 발달한 선진국에서는 심지어 소음이 전혀 들리지 않는 화장실을 만드는가 하면, 1억 달러가 넘는 예산을 들여서 멋진 화장실을 짓기도 한다. 하지만 후진국에서는 화장실을 수세식으로 바꾸는 데도 어려움을 겪고 있다고 한다. 다니엘 푸러,《화장실의 작은 역사》, 205~206쪽.

41 다니엘 푸러,《화장실의 작은 역사》, 74~79쪽.

42 정희진,《페미니즘의 도전》(교양인, 2005), 179쪽.

43 발레리 줄레조, 《아파트 공화국》, 김혜연 옮김(후마니타스, 2007).

44 줄레조에 따르면 우리나라 최초의 아파트는 1958년에 완공된 종암 아파트라고 한다. 1957년에 지어진 중앙아파트가 우리나라 최초의 아파트라는 견해도 있지만[박철수, 《아파트의 문화사》(살림, 2006), 7쪽], 줄레조는 다른 견해를 보인다. 중앙아파트는 사원 주택용으로 지어진, 12가구가 입주할 수 있는 한 동짜리 공동 주택으로, 그야말로 이름만 아파트였기 때문이다. 이와 달리 종암아파트는 5층짜리 3개 동에 152가구가 입주했고 정부의 주택 정책에 따라 지어진 것이기 때문에 한국 아파트의 기원이 된다는 것이다. 발레리 줄레조, 《아파트 공화국》, 28쪽.

45 게리맨더링gerrymandering은 특정 정당이나 특정 후보자에게 유리하도록 임의로 부자연스럽게 선거구를 정하는 일을 말한다. 1812년 미국 매사추세츠 주의 주지사 게리Elbridge Gerry가 상원선거법 개정안을 통과시키기 위해 자기 당인 공화당에 유리하도록 선거구를 분할했는데, 그 모양이 샐러맨더salamander(도롱뇽)와 같다고 본 반대당이 샐러 대신에 게리라는 말을 넣어 게리맨더라고 비난한 데서 유래한 말이다.

46 로하스Lohas는 'Lifestyle Of Health And Sustainability'의 약어로 '건강과 환경이 결합된 소비자들의 생활 패턴'을 의미한다. 로하스족은 웰빙 시대에 자신의 정신적, 육체적 건강에 유익할 뿐 아니라 환경 파괴를 최소화한 제품을 선호하며 소비하는 사람들을 말한다. 이들은 상품에 대한 정보에 밝고 상품 광고에 현혹되지 않으며, 독자적이고 비판적인 시각을 갖고 있는 것이 특징이다. 이들은 유기농 농산물을 비롯하여 에너지 효율 가전제품, 태양열 전력, 대체 의약품과 친환경적 여행 상품 등을 선호하여, 광범위한 영역에서 자신들의 특별한 소비 패턴을 드러낸다.

47 7차 교육 과정의 초등학교 3학년 사회 교과서는 '시장이 하는 일'이 라는 단원에서 재래시장과 백화점 등에 대해 설명한다. 이에 따르면 백화점이 여러 가지 문화 교실을 여는 것은 물건을 파는 일 이외에 시장이 하는 일 중 하나다. 교육부,《사회 3-1》(대한교과서주식회사, 2001), 85쪽.

48 크루거Barbara Kruger(1945~)는 미국의 개념주의 예술가이며 사진 작가이자 페미니즘 아티스트이다. 사진과 텍스트를 결합하는 독특한 예술 형식을 통해 기존 예술을 비판하고 사회 제도적 권력에 항거했으며 특히 남성 지배 구조에 존재하는 사회적 편견에 저항했다. 주요 작품집으로《당신은 당신 자신이 아니다 You Are Not Yourself》 (1982),《나는 쇼핑한다, 고로 존재한다 I Shop, Therefore I Am》(1987), 《당신의 몸은 전쟁터다 Your Body Is A Battleground》(1989) 등이 있다.

49 알랭 드 보통,《행복의 건축》, 정영목 옮김(이레, 2007), 123~124쪽.

50 알랭 드 보통,《행복의 건축》, 122쪽.

51 데이비드 하비,《사회 정의와 도시》, 최병두 옮김(종로서적, 1983), 14쪽.

52 알랭 드 보통,《행복의 건축》, 122쪽.

53 여기서의 교회는 앞에서 언급한 교회와는 다른 의미이다. 앞에서 언급한 교회는 교회당을 의미하고, 이 부분에서 언급하는 교회는 예수가 불러낸 자들(에클레시아) 무리를 의미한다.

54 여기서는 'geography'와 '지리학地理學'을 구분해서 사용했다. geography는 지역적인 차이를 설명하는 과학적인 서양의 지리학을 말하기 위해 사용했고, 지리학은 땅의 이치를 배우는 학문으로서의 지리학을 말하기 위해 사용했다.

55 김우창,《풍경과 마음》(생각의 나무, 2003), 118~120쪽.

56 들뢰즈나 가타리가 이야기하는 '홈 파인 공간 striated space'은 각각의

신분이 고정되어 있는 객관화된 점의 세계이다. 이 공간에서는 실체의 법칙이 적용된다. 이곳은 x, y축 위의 좌표로 표현되는 데카르트적 공간이며, 모든 것들이 낱낱이 명시됨으로써만 존재하는 틀에 박힌 영역이자 인과의 영역이다. 배식한,《인터넷, 하이퍼텍스트 그리고 책의 종말》(책세상, 2000), 116쪽.

57 프로슈머prosumer는 생산자producer와 소비자consumer가 결합되어 만들어진 용어로, '생산적 소비자'라고 번역된다. 쉽게 생각하면 집에서 직접 과자를 만들어서 먹는 것, 소비자 직접 생산DIY 등이 이에 해당한다. 프로슈머에 대한 자세한 내용은 다음을 참조하라. 앨빈 토플러·하이디 토플러,《앨빈 토플러, 부의 미래》, 김중웅 옮김(청림출판, 2006).

58 1980년 광주 민주 항쟁을 다룬, 총 세 권으로 구성된 만화이다. 당시 계엄군이었던 사람과 희생자였던 시민군의 아들 딸이 26년이 지난 후에 모여서 법으로 심판하지 못한 계엄군을 단죄한다는 내용으로, 아이들도 광주 민주 항쟁에 대해 비교적 쉽게 이해할 수 있게 만들어졌다.

59 〈토탈 이클립스Total Eclipse〉는 1995년에 아그네츠카 홀란드Agnieszka Holland가 만든 영화이다. 천재 시인 랭보Arthur Rimbaud의 일대기를 다룬 이 영화의 줄거리는 이렇다. 랭보는 열여섯 살 때 열한 살 연상의 베를렌Paul Verlaine을 만난다. 랭보는 당시 상류 사회의 모순을 민감하게 느끼며 직설적이고 파괴적인 방식으로 저항한다. 반면 베를렌은 랭보와 비슷한 생각을 하면서도 겉으로는 드러내지 않는 온유한 인물이다. 베를렌은 천부적인 시적 재능과 자신이 갖지 못한 열정을 가진 랭보에게 반해, 아내와 자식까지 버리고 랭보와 함께 유랑 생활을 한다. 랭보는 베를렌의 유약함을 조롱하면서도, 자신의 투정을 다 받아주는 그의 따뜻함에 집착한다. 그러나 이들의 관계는

한 방의 총성으로 마감된다. 자신을 떠나겠다는 랭보에게 배신감을 느낀 베를렌은 랭보에게 총을 쏘아 부상을 입히고 2년 형을 선고받는다. 이후 랭보는 절필하고 아프리카를 방랑하다 서른일곱 살에 숨을 거둔다. 베를렌은 랭보와의 일을 "나의 가장 빛나는 죄악"이라고 회상한다.

60 홍명희, 《상상력과 가스통 바슐라르》(살림, 2005), 38~43쪽.

김봉렬, 《김봉렬의 한국건축 이야기 1~3》(돌베개, 2006)

1999년에 출간된 《한국건축의 재발견》의 개정판으로, 전통 건축에 대한 친절한 안내서이다. 우리가 일상에서 접하게 되는 전통 경관에 대한 저자의 해석은 매우 신선하다. 이 책은 건축을 전공하는 사람에게도, 전통 경관에 관심을 갖고 있는 지리학자에게도 유익한 안내서이다. 전통 경관을 접하게 되면 으레 어느 시대 양식인지를 말하고 그 양식이 어떤 것인지를 이야기하는 우리의 풍토에서, 전통 경관을 통해서 역사를 말하고 인간을 말하고자 하는 그의 시선은 깊은 공감을 불러일으킨다.

그의 시선은 이 책의 구성에 그대로 드러난다. 1권은 '시대를 담는 그릇'이라는 부제하에 불국사와 석굴암, 안압지와 마곡사, 미륵사와 금산사, 종묘, 전북의 작은 사찰들, 부용동 원림과 해남 녹우당, 양동마을, 수원 화성을 다룬다. 2권은 '삶과 앎의 공간'이라는 부제하에 월악산 자락의 미륵대원, 담양의 소쇄원, 경주 근처 안강의 옥산서원, 상주 양진당, 논산에 있는 윤증고택, 강릉의 선교장, 장흥의 방촌마을, 남원의 광한루원, 그리고 승주의 선암사까지를 다룬다. 3권은 '이 땅에 새겨진 정신'이라는 부제하에 병산서원, 부석사, 도동서원, 통도사, 도산서원, 봉정사, 안동의 재사들을 다룬다. 우리나라의 유명한 관광지 혹은 답사지에 속하는 거의 모든 건축물을 망라하고 있어, 여행이나 답사에 관심 있는 사람들에게 일독을 권할 만하다.

김우창, 《풍경과 마음》(생각의나무, 2003)

김우창의 글은 인간학에 관심을 갖고 있는 사람들에게 생각의 지평을 넓혀준다. 그는 심미적 이성에 착목한다. 아름다움의 문제가 결코 삶의 문제와 유리된 것이 아니며, 오히려 아름다움을 통해서 삶이 갖고 있는 근대적인 모순을 극복해야 한다고 말한다. 심미적 이성은 감각적인 가변성과 이성적인 통일을 이룰 수 있는 유연한 이성이다. 이런 심미적 이성에 대한 그의 생각을 동양화와 서양화를 예로 들어 구현하고 있는 책이 《풍경과 마음》이다. 그는 이 에세이에서 시각 체험을 통해 동양화와 서양화에 나타난 공간의 감각과 그 의미를 짚어내는 깊은 심미안을 보여주고 있다. 특히 〈풍경과 그 선험적 구성 : 전통 한국의 이상적 풍경과 장소의 느낌〉에서 다루는 '풍경'은 지리학에서 말하는 '경관'에 해당된다. 경관은 오늘날 지리학 연구에서뿐 아니라 문화 연구에서도 중요하게 다루어지는 개념으로, 이 책은 경관에 관심 있는 사람들에게 도움이 될 것이다.

맬컴 마일스, 《미술, 공간, 도시》(학고재, 2000)

요즘 대형 빌딩 앞 공간에서 왠지 건물과 잘 어울리지 않는 미술품을 흔히 만나게 된다. 우리가 도시에서 만나게 되는 공공 미술은 도시 미관을 위한 것이지만, 언제부턴가 이것이 '공해 미술', 혹은 환경 조형물이 아니라 '환경 오염물'이라는 오명을 쓴 골칫거리가 되어가고 있다. 이 책의 저자는 공공 미술을 야외 조각전, 지역 공동체의 벽화 작업, 대지 미술land art, 장소 위주 미술site-speci-fic art, 가로 포장paving과 스트리트 퍼니처street furniture의 디자인에 이르는 다채로운 예술적 내용을 포괄하는 개념으로 규정하면서 공공 미술, 공간, 도시의 공존을 꿈꾼다. 그리고 꿈을 실현하기 위해서 앙리 르페브르Henri Lefebvre, 미셸 푸코Michel Fou-cault, 루이스 멈퍼드Lewis Mumford 등 많은 이론가들의 연구를 이용해 공공 미술과 공간, 도시의 개념과 문제점에 대해 살펴본다. 공간, 도시, 그리고 공공 미술의 영역을 넘어 포괄적으로 예술과 공간의 문제에 관심을 갖고 있는 사람들에게 도움이 될 수 있는 책이다.

박승규, 〈어린이 지리학의 등 지리교육적 의미〉, 《한국지리환경교육학회지》 12권 1호 (2004년 4월)

이 논문은 어린이들에게 어린이들의 공간을 가르쳐야 한다고 주장하고, 그 이유를 제시한다. 지리학에서 다루는 공간은 주로 어른의 공간이다. 어린이가 학교에서 배우는 공간 역시 아이들이 궁금해하는 공간이 아니라, 어른의 시선에서 아이들이 알아야 한다고 생각하는 공간이다. 어린이를 인간으로 생각하는 것이 아니라 덜 자란 어른으로 생각하기 때문이다. 이 논문에서는 어린이에 대한 인간학적인 이해가 전제된 상태에서 어린이 공간에 대한 논의가 이루어져야 한다고 주장한다. 어른 중심의 '하나의 공간'을 가르치는 것이 아니라 어린이의 일상 공간을 대상으로 하는 학교 지리가 되어야 한다고 주장한다. 일반인이 쉽게 접할 수 있는 글은 아니지만, 어른 중심의 공간이 아닌 어린이의 공간에 관심을 갖고 있는 사람들에게 일독을 권한다.

발레리 줄레조, 《아파트 공화국》, 김혜연 옮김(후마니타스, 2007)

프랑스 지리학자가 본 한국의 아파트에 관한 글이다. 저자는 한국을 아파트 공화국으로 지칭하면서 우리의 아파트 문화에 대해 자세하게 기술한다. 한국인들에게 아파트는 흔하디흔한 일상 공간이지만, 외국인에게는 한국의 아파트가 낯선 공간이기에 관심의 대상이 될 수 있었을 것이다. 또한 대규모 단지를 이룬 비슷한 모양의 건물에 거주하는 것이 프랑스에서는 이미 실패한 모델임에도 불구하고 한국에서는 어떻게 잘 받아들여지고 있는지 의문이 들었을 것이다. 저자는 이 책에서 지리학의 이론이 접목되지 않은 한국 아파트의 문제점과 과제에 대해 언급한다. 우리의 보편화된 거주 공간인 아파트에 대해 다양하게 조망하고 싶은 독자에게 읽기를 권한다.

서경식, 《디아스포라 기행 : 추방당한 자의 시선》(돌베개, 2006)

프롤로그에서 밝히고 있듯이 이 책은 저자가 런던, 잘츠부르크, 카셀, 광주 등을 여행하면서 각각의 장소에서 접한 사회적 양상과 예술 작품을 테마로 현대의 디아스포라적 삶의 유래와 의미를 탐색한 것이다. 하지만 이 책에서 주목할 만한 것은 자신의 공간을 잃어버린 사람들의 삶의 모습에 대한 서술이다. 제국주의에 의한 세계 분할과 식민지 쟁탈전 이후, 전 세계에서 얼마나 많은 사람들이 눈물을 머금은 채 태어나 자란 땅을 뒤로했을까를 묻는 프롤로그의 글처럼, 많은 사람들은 자신의 공간을 잃어버리면서 부유하고 있다. 디아스포라라고 하는 그들은 새로이 옮겨 간 땅에서도 정착할 수 없는 이방인이며, 소수자인 것이다. 잃어버린 공간이 단지 공간을 잃어버린 것이 아님을, 그리고 그것을 되찾는다는 것이 공간을 되찾는 것만을 의미하지 않음을 이 책은 알게 해준다. 자신의 공간을 잃어버리고 끊임없이 부유하는 현대인에게 공간의 의미를 성찰하게 하는 책이다.

오귀스 베르크, 《대지에서 인간으로 산다는 것》, 김주경 옮김(미디스북스, 2001)

이 책은 환경 윤리에 대한 그동안의 생각을 뒤집는다. 인간과 자연환경을 같은 범주에 두는 것은 문제라는 것이 저자의 기본적인 생각이다. 일반적으로 인간이 인간을 잡아먹는 것은 비윤리적이지만, 돼지나 닭을 잡아먹는 것은 비윤리적이라고 하지 않는다. 이런 예에서 볼 수 있듯이 인간과 자연을 한 범주에 넣고는 환경 윤리를 논할 수 없고, 인간계와 동물계를 반드시 구분해야 한다고 저자는 주장한다. 그렇게 하지 않으면 이성을 가진 인간이 동물계나 식물계 등을 보호해야 할 의미가 없다는 것이다. 인간과 자연을 같은 범주에 놓고 생각했던 기존의 환경 윤리와는 전혀 다른 관점이다. 그런 점에서 인간과 환경의 관계에 관심 있는 사람들에게 권하고 싶은 책이다.

오귀스 베르크, 《외쿠메네》, 김웅권 옮김(동문선, 2007)

이 책은 지리학을 인간 존재에 대한 학문으로 재정의하고 있다. 저자는 존재론에서 지리학에 대한 언급이 없듯이 지리학에서도 존재론에 대한 언급이 없다는 사실을 비판적으로 바라본다. 그리고 지리학을 인간이 어느 곳에 '위치'하고 있으며, 어느 공간에 '거주'하고 있는가를 통해 인간 존재를 설명할 수 있는 학문이라고 본다. 철학에서 다루는 존재론이 관념적이고 사변적이라면, 지리학에서 다루는 존재에 대한 논의는 인간이 '위치'하고 있는 곳의 구체적인 현상을 통해 인간 존재를 설명할 수 있다는 것이다. 특히 이 책에서는 철학자들의 탐구 대상이었지만 지리학자들의 관심에서는 벗어나 있었던 '코라chora'라는 새로운 공간 개념을 접할 수 있어서 흥미롭다.

에드워드 렐프, 《장소와 장소상실》, 김덕현 · 김현주 · 심승희 옮김(논형, 2005)

이 책은 저자가 유럽과 미국의 경관에 대해 관찰한 것을 기초로 1973년 토론토 대학에 제출한 박사 논문을 수정한 것이다. 이 책에서 저자는 장소가 일상적으로 경험하는 생활 세계이자 인간 실존의 근본적인 토대라고 말한다. 그리고 인간답다는 것은 의미 있는 장소로 가득한 세상에서 산다는 것이며, 인간답다는 말은 자신의 장소를 가지고 있으며 그 장소를 잘 알고 있다는 뜻이라고 말한다. 이 책이 제기하고 있는 주제들, 예를 들어 장소 개념, 장소의 정체성과 관련된 진정성 문제, 건축을 중심으로 한 경관 연구, 장소의 이미지, 미디어, 발달된 교통수단, 대중문화의 소비나 관광 등은 오늘날에도 매우 논쟁적인 주제이며, 특히 포스트모던 경관론에서 더욱 중요성이 커지고 있어 여기에 관심 있는 독자들에게 유익한 지침서가 될 것이다.

이-푸 투안, 《공간과 장소》, 구동회 외 옮김(대윤, 1999)

투안Yi-Fu Tuan이 자연환경에 대한 인간의 다양한 태도와 가치를 어떤 방식으로든 분류하고 정리하기 위해 쓴 《장소애topophilia》에서 해명하지 못한 문제를 보완하기 위해 쓴 책이다. 그는 《장소애》에서 인간과 환경의 관계를 조명하면서도 그 중심 개념을 찾지 못했는데, 이 책에서는 보다 일관된 논리를 전개하기 위해 공간과 장소라는 개념을 환경 요소로 한정시켰다고 밝히고 있다. 하지만 공간과 장소는 지리학을 처음 접하는 사람에게나 지리학자에게나 마찬가지로 구분하기 어려운 개념이다. 투안은 이 같은 문제점을 해결하기 위해 인류학, 건축학, 행동 심리학, 문학, 신학 등의 다양한 연구 성과들에서 지리적 경험을 추출하여 공간과 장소가 가지는 의미를 설명하고자 했다. 그는 이 책에서 공간과 장소를 환경을 구성하는 근본 요소로 보았고, 경험의 생물학적 토대, 공간과 장소의 관계, 인간 경험의 범위라는 세 가지 주제로 인간이 어떻게 세계를 경험하고 이해하는가를 탐구했다. 인간과 환경의 관계에 관심을 갖고 있는 사람들이 읽어볼 만한 책이다.

와쓰지 데쓰로우, 《풍토와 인간》, 박건주 옮김(장승, 1993)

'풍토-인간학적 고찰'이라는 부제가 붙어 있는 이 책은 와쓰지가 1930년대에 쓴 글들을 모은 책이다. 그렇기 때문에 오늘날의 우리에게는 조금 낯설게 느껴지는 부분이 없지 않다. 그럼에도 이 책을 권하는 것은, 인간과 환경에 대한 논의에서 인간이 생략된 경우가 많은데, 이 책은 인간을 중심으로 인간과 환경에 대해 고민하고 있기 때문이다. 하이데거 Martin Heidegger의 《존재와 시간Sein und Zeit》을 읽고 감명을 받은 저자가 하이데거의 이론을 인간과 환경에 대한 논의에 응용하면서 인간의 실존성을 염두에 둔 환경론의 논의 전통을 따르고 있다는 점에서 읽어볼 가치가 있는 책이다. 환경론에 관심을 갖고 있으면서 기존의 책들과는 다른 관점을 접하기 원하는 사람들에게 읽기를 권한다.

전종한 · 서민철 · 장의선 · 박승규, 《인문지리학의 시선》(논형, 2005)

지리학에 대한 개론서를 소개해달라는 부탁을 받을 때 내가 추천해주는 책이다. 이 책은 제목에서도 짐작할 수 있듯이 개론서의 성격을 띠고 있지만, 개론적인 논의를 넘어 인문 지리학을 바라보는 저자들 자신의 관점을 담고자 했다. 하지만 저자들의 시선을 일방적으로 전달하기 위한 책은 아니다. 책 제목을 '인문 지리학의 시선'이라고 한 것에서 알 수 있듯이 지리학의 담론 체계 안에서 독자와 코드를 공유하면서 함께 세계를 읽어보려는 의도를 담고 있다. 나아가, 지리학을 분포나 지명, 혹은 지도와 관련된 학문 정도로 받아들이는 통념을 거부하면서 풍부한 담론의 세계에서 지리적으로 세상을 해석한다. 이를 통해, '지금 여기'의 내 삶과 '그때 거기'에 살았던 사람들의 삶의 관계에 대해 생각함으로써, 인간의 삶을 중심으로 지리학을 이해해야 한다는 사실을 깨닫게 한다.

이 책은 크게 3부로 구성되어 있다. 1부에서는 지리학의 기본 개념과 주요 쟁점들, 그리고 지도에 대한 내용을 정리하고 있다. 2부와 3부에서는 인문 지리학의 양대 전통인 인문학적 전통과 사회 과학적 전통을 구분해서 '장소와 경관의 이해'와 '근대적 공간의 설명'으로 나누어 배치했다. 2부는 크게 다섯 개 장으로 나누어 환경론, 풍수론, 촌락, 읍성 등 전통적인 지리학의 내용과 최근의 포스트 담론을 정리하고 있으며, 3부는 도시의 탄생과 진화, 도시의 안과 밖, 산업 활동과 지역의 형성 그리고 지역 개발론을 다루고 있다.

전종한, 《종족집단의 경관과 장소》(논형, 2005)

이 책의 저자는 문화역사지리학의 전통적인 소재를 다루면서도, 신문화지리학적인 개념으로 새로운 해석을 시도하고 있는 소장 학자이다. 그의 최근의 연구 성과들을 묶은 이 책에서는 우리의 국토 공간에 산재한 종족 집단의 경관과 장소인 종가, 사당과 조상 묘소, 종족마을, 정자와 서원 등의 의미와 그 의미 뒤에 감추어진 권력과 지식의 관계, 이데올로기와 담론의 세계를 만날 수 있다. 전통 경관, 그리고 전통 경관의 이면에 담겨 있는 사회적 관계의 본질과 역사성에 관심을 갖고 있는 사람들에게 유익한 책이다.

조한욱, 《문화로 보면 역사가 달라진다》(책세상, 2000)

신문화사와 신문화지리학은 다루는 대상에는 차이가 있지만, 유사한 점이 많다. 이 책은 신문화지리학을 공부하면서 주변 학문의 연구 성과까지 섭렵하고 싶어 하면서도 엄두를 내지 못하는 독자에게 권하고 싶은 책이다. 친절하게 신문화사의 탄생 배경부터 미래의 역사학에서의 가능성까지를 적고 있어, 신문화사를 처음 접하는 독자들에게 유익한 안내서 역할을 한다. 하지만 무엇보다도 내가 독자에게 이 책을 추천하는 이유는 이 책이 역사를 바라보는 시선의 변화를 보여주고 있기 때문이다. '두껍게 읽고', '다르게 읽어보고', '작은 것을 통해 읽어보고', '깨뜨려서 읽어보는' 방법은 역사학의 고정된 하나의 시선에서 벗어나 다양한 인간의 삶에 관심을 갖게 한다. 나아가 이 같은 신문화사의 시선은 공간의 의미를 읽어내는 데도 유효하기에 새로운 시각으로 공간을 읽고자 하는 사람에게 이 책을 권한다.

질 들뢰즈 · 펠릭스 가타리, 《천개의 고원》, 김재인 옮김(새물결, 2001)

21세기는 들뢰즈Gilles Deleuze의 시대가 될 것이라는 푸코의 예언이 적중하는 듯하다. 최근 지성 사회에 불고 있는 들뢰즈 열풍이 대단한데, 아마도 이 책이 들뢰즈의 백미일 듯하다. 들뢰즈에게 관심이 있는 사람들은 누구나 집어 드는 책이지만, 끝까지 읽기가 쉽지 않다. 끝까지 읽는다고 하더라고 정확하게 읽었는지 알 수 없다. 하지만 그것이 들뢰즈를 읽는 법인지 모른다. 정착민의 시선으로 들뢰즈를 읽어가는 것 또한 들뢰즈에 대한 '제대로'된 독해가 아닐 수 있기 때문이다. 그렇기에 이 책은 다양한 학문 배경을 갖고 있는 사람들에게 새로운 사고의 가능성을 열어준다. 특히 들뢰즈가 말하는 '배치'의 문제를 통해서 공간에 관심을 갖는 사람들에게 일독을 권한다.

피에르 상소, 《느리게 산다는 것의 의미 2 : 바람 부는 길에서》, 김주경 옮김(동문선, 2001)

지방에 사는 사람의 시선으로 보면 서울 사람들은 참 바쁘게 살고 여유가 없어 보인다. 모든 것이 빠르게 돌아가는 현대에 느리게 산다는 것은 퇴보를 의미하는지 모른다. 하지만 피에르 상소는 느리게 사는 것이 오히려 더 잘 사는 것이라고 주장한다. '느리게 산다는 것의 의미'라는 이름으로 번역된 네 권의 책 가운데 '바람 부는 길에서'라는 부제가 붙은 이 책은 피에르 상소가 길에 대해 쓴 글을 모은 것이다. 이 책은 같은 길을 걷더라도 여유 있는 사람과 여유 없는 사람의 걷는 느낌이 사뭇 다름을 알게 해준다. 느리게 걷는 길에서 인간은 삶의 지혜를 배우고 자신 안에 숨어 있는 소망과 자유에 대한 꿈들이 다시 살아남을 알게 된다는 것이다.

필립 아리에스 · 조르주 뒤비 엮음, 《사생활의 역사 1~5》(새물결, 2006)

《사생활의 역사》 1, 3, 4권이 2002년에, 2권과 5권이 2006년에 번역, 출간되었다. 원래 이 책은 미셸 비녹Michel Winock의 제안으로 1976년부터 10여 년간의 작업을 거쳐 1985년에 출판되었다. 필립 아리에스Philippe Aries와 조르주 뒤비Georges Duby가 책임 편집을 맡았고, 40여 명에 달하는 학자들이 참여했다. '사생활의 역사'라는 제목이 주는 선입견과 달리 이 책은 결코 내밀한 부분이나 어떤 비밀스러운 영역을 새로 '들추거나' 드러내는 것만을 목표로 하지 않는다. 오히려 인간과 삶을 바라보는 방식을 근본적으로 전환시켜 인간 이해의 미지의 영역으로 들어가 인간과 역사를 전혀 새롭게 조망하고자 한다. 집에 비유하건대 이전까지의 역사가 인간의 삶을 오직 거실이라는 공적인 공간에서 이루어지는 것으로 보았다면, 이 시리즈는 거실뿐 아니라 다락방과 침실, 그리고 지하실을 모두 거론하며 우리의 삶을 새롭게 바라보려고 한다. 즉 이제까지의 역사학이 인간을 궁정과 정치, 왕조를 중심으로 보았다면, 이 책은 인간을 인간의 삶을 중심으로 다시 펼쳐보겠다는 것이다. 공간에 대한 이해가 인간의 삶에 대한 이해를 전제하고 있다고 한다면, 《사생활의 역사》 시리즈는 공간과 연관 지어서 인간의 삶을 깊이 있게 성찰할 수 있도록 해준다.

지리학, 인간과 공간을 말하다

초판 1쇄 펴낸날 | 2009년 3월 20일
초판 4쇄 펴낸날 | 2014년 3월 15일
개정 1판 1쇄 펴낸날 | 2020년 3월 13일

지은이 | 박승규
펴낸이 | 김현태
펴낸곳 | 책세상

주소 | 서울시 마포구 잔다리로 62-1, 3층 (우편번호 04031)
전화 | 02-704-1251(영업부) 02-3273-1333(편집부)
팩스 | 02-719-1258
이메일 | bkworld11@gmail.com
광고제휴 문의 | bkworldpub@naver.com

홈페이지 | chaeksesang.com   페이스북 | /chaeksesang
트위터 | @chaeksesang   인스타그램 | @chaeksesang   네이버포스트 | bkworldpub

등록 1975. 5. 21 제1-517호

ISBN 979-11-5931-456-8 04080
       979-11-5931-400-1 (세트)

• 이 도서의 국립중앙도서관 출판시도서목록(CIP)은 서지정보유통지원시스템 홈페이지
(http://seoji.nl.go.kr)와 국가자료공동목록시스템(http://www.nl.go.kr/kolisnet)에서
이용하실 수 있습니다.(CIP제어번호 : CIP2020001906)